Pillole per la memoria – 7

Isbn 978-88-96576-06-9

Prima edizione: 2009
Seconda edizione: 2021
Edizioni Trabant – Brindisi
www.edizionitrabant.it
redazione@edizionitrabant.it

La presente opera è di pubblico dominio.
La veste grafica, le immagini, gli apparati di prefazione e note del curatore, ove non diversamente specificato, sono © 2009 Edizioni Trabant - tutti i diritti riservati.

Napoleone Colajanni

Nel regno della Mafia

Edizioni
Trabant

IL RE DELLA MAFIA

La mafia non esiste.
Quante volte nella storia d'Italia abbiamo sentito questo ritornello da parte della gente di strada, sui giornali, persino in Parlamento. Un atteggiamento di sufficienza o finta ingenuità che portava Leonardo Sciascia a mettere in bocca a un suo personaggio simili affermazioni:

> *"Questo qui, caro amico, è uno che vede mafia da ogni parte: uno di quei settentrionali con la testa piena di pregiudizi, che appena scendono dalla nave-traghetto cominciano a vedere mafia dovunque... (...) ma vi capisco: non siete siciliano, e i pregiudizi sono duri a morire. Col tempo vi convincerete che è tutta una montatura".*[1]

E più avanti:

> *"Ma il siciliano che io sono, e l'uomo ragionevole che presumo di essere, si ribellano a questa ingiustizia verso la Sicilia, a questa offesa alla ragione. (...) Ditemi voi se è possibile concepire l'esistenza di una associazione criminale così vasta ed organizzata, così segreta, così potente da dominare non solo mezza Sicilia, ma addirittura gli Stati Uniti d'America..."*[2]

Oggi che l'esistenza di una tale associazione è stata non solo dimostrata, ma anche accettata dall'opinione pubblica, sembra incredibile che venissero fatti discorsi del genere. Ma non dimentichiamo che ancora negli anni '80 c'era chi parlava con scetticismo di un "teorema Falcone" o in alternativa "teorema Buscetta": favole, teorie campate in aria. Calunnie nei confronti dei siciliani.

[1] L.Sciascia, *Il giorno della civetta,* Torino 1961

[2] *ibidem*

Eppure di mafia in Italia si parla da almeno 150 anni, quando l'unificazione del paese sotto la bandiera sabauda portò la nuova autorità a confrontarsi con la difficile situazione delle regioni annesse; ed è degno di riflessione come questo fenomeno di cui a lungo si è voluta negare la realtà fosse al contrario un fatto bene assodato per gente che viveva – e lo combatteva – più di cento anni fa. Il che ci porta dritto al tema del libro che presentiamo.

Nel Regno della mafia è stato pubblicato nel 1900, ma potrebbe essere stato scritto ieri. Basterebbe già questa constatazione per renderlo interessante.

Il pamphlet prende spunto da un fatto di cronaca avvenuto nel 1893. Emanuele Notarbartolo, già sindaco di Palermo e personalità molto in vista non solo in Sicilia ma in tutta Italia, il 1° febbraio veniva assassinato da ignoti e il suo corpo gettato giù da un treno.[3] Subito emersero forti sospetti che legavano l'accaduto alla passata esperienza dell'ucciso alla direzione del Banco di Sicilia: in particolare, si parlava di un suo dossier accusatorio sulle attività illecite di alcuni membri del consiglio di amministrazione, inviato al Governo e prontamente fatto scomparire. Presto si riuscì a individuare anche i possibili esecutori materiali e soprattutto il probabile mandante: nientedimeno che un deputato del Parlamento Italiano di nome Raffaele Palizzolo.

Come è facile immaginare con gli occhi smaliziati di oggi, le indagini furono svolte in modo distratto e poco scrupoloso, sino a sfociare - come chissà quante volte in passato - in un nulla di fatto. Soltanto la testardaggine del figlio dell'ucciso, Leopoldo Notarbartolo, riuscì a far riaprire il caso alcuni anni dopo: ma questa volta venne assegnato alla Corte d'Assise di Milano, per quello che oggi chiameremmo "legittimo sospetto" nei confronti dei magistrati di Palermo.

E qui avvenne il fatto. Nel nuovo scenario lombardo, l'opinione pubblica italiana si trovò per la prima volta a confrontarsi con un fenomeno che non s'aspettava, e con parole di cui fino ad allora non conosceva il significato: *mafia, omertà, uomo d'onore*. Come ci racconta lo stesso Colajanni, i magistrati milanesi constatarono con stupore come le istituzioni siciliane, a partire dalle forze di polizia, i carabinieri, e su fino a prefetti e procuratori generali, avessero intenzionalmente trascurato elementi di indagine, oscurato prove e financo distrutto verbali di interrogatorio. Non soltanto; avviate

---

[3] Sulla ricostruzione del caso Notarbartolo cfr. Sebastiano Vassalli, *Il Cigno*, Torino 1993, e dello stesso autore gli articoli *Signora mafia con gli occhi di Medusa* (Repubblica 7/8/1992) e *Assassini in carriera* (Repubblica 23/4/1994).

nuovamente le indagini, gli inquirenti si ritrovarono davanti al classico muro di gomma: testimoni reticenti, finti smemorati o apertamente mentitori, tant'è che furono costretti a procedere nei confronti di molti di loro per falsa testimonianza. Mai prima d'ora ci si era trovati, sotto gli occhi della giovane nazione italiana, di fronte a un caso di giustizia così intricato. Perché i testimoni non parlano? ci si chiedeva con ingenuità. Hanno paura della *mafia* – era la risposta. Ma gli italiani, questa *mafia*, proprio non sapevano che fosse.

È questo che spinse un siciliano a scrivere un libbricino dal titolo *Nel Regno della Mafia*.

Napoleone Colajanni non era uno qualunque. All'epoca dei fatti era da tre anni deputato al Parlamento e non aveva perso tempo a mettersi in luce come un socialista e un *agitatore*, dando appoggio e guida al movimento dei Fasci Siciliani.[4]

E dire che considerava quello un momento più rilassato della sua vita. La vera fase eroica era avvenuta nella prima gioventù, quando a tredici anni era scappato dalla sua Castrogiovanni per arruolarsi con i garibaldini. Quella volta fu scoperto e riportato controvoglia a casa; ma non passò molto tempo. Nel 1862, ancora minorenne, era con Garibaldi sull'Aspromonte e venne fatto prigioniero; nel 1866 combatté la Terza Guerra di Indipendenza nel 13° Battaglione dei Carabinieri Genovesi; nel '67 ancora al fianco dell'Eroe dei Due Mondi nel disastro di Mentana. Nel 1869 aderiva a una setta di cospiratori mazziniani chiamata Alleanza Repubblicana Universale e veniva arrestato alla vigilia di una insurrezione.

Poteva essere la fine, ma il caso volle che nello stesso anno nascesse l'erede al trono Vittorio Emanuele III. Fu emanata un'amnistia, e Colajanni poté fare ritorno a casa, ma con tutt'altro animo da quello con cui era partito. Avvertiva quel senso di sconfitta all'epoca molto comune tra i repubblicani e i socialisti che avevano partecipato al Risorgimento, lo stesso misto di disillusione e malinconia che abbiamo già documento a proposito di Alberto Mario[5]. Tuttavia non si ritirò a vita privata: qualche anno più tardi decise di intraprendere la via della carriera politica, non più dall'esterno ma dall'interno del "sistema" (per usare un termine del tutto anacronistico). Era il 1878

[4] Sulla vita e il pensiero di Napoleone Colajanni cfr. Aa.Vv., *Napoleone Colajanni e la società italiana fra otto e novecento*, Palermo 1983 e Jean-Yves Frètigné, *Biographie intellectuelle d'un protagoniste de l'Italie libérale: Napoleone Colajanni (1847-1921)*, Roma 2002

[5] Alberto Mario, *La camicia rossa*, Edizioni Trabant 2009.

quando ottenne il primo incarico a livello locale, consigliere municipale di Castrogiovanni; nel 1890 finalmente entrava nel Parlamento Italiano.

E incominciò a fare rumore. Tanto per dirne una, appena qualche mese prima del caso Notarbartolo, il 20 dicembre 1892, un suo discorso alla Camera a proposito dello scandalo della Banca Romana aveva creato uno scossone tale da far cadere il governo, quasi una sorta di Tangentopoli di età umbertina. E nello stesso periodo, con una instancabile attività di politico e giornalista, denunciava con forza le storture dello stato unitario, lo spaccamento del paese in due tronconi nord e sud, lo sfruttamento del proletariato contadino meridionale. Un gran bel rompiscatole, insomma; fondamentalmente un idealista, di quelli che oggi ci farebbero tenerezza, se non ci rendessimo conto di averne un bisogno disperato.

Basti dire che del socialismo aveva un'idea tutta propria, tanto eterodossa da farlo allontanare dai movimenti operai quando avrebbe preso piede il marxismo, e da spingere Gramsci a definirlo "un nemico del socialismo". Non si considerava materialista: secondo lui la questione sociale non era soltanto un fatto economico, ma anche etico. Perciò rifiutava il concetto di lotta di classe: la lotta esisteva, certo; ma era soltanto la prima fase dell'evoluzione, che non andava incoraggiata, ma superata a favore di una maggiore diffusione dell'Altruismo. L'obiettivo era sì l'uguaglianza: ma non poteva significare un livellamento verso il basso.

Posizioni inconciliabili con il marxismo, che lo portarono ad avvicinarsi dapprima al neonato Partito Repubblicano, e successivamente a provare una certa simpatia per il fascismo nella sua iniziale fase sansepolcrista. Ma la morte, avvenuta nel 1921, in un certo senso lo salvò da questa imbarazzante adesione. O forse gli impedì di prendere in un secondo momento le distanze. Non lo sapremo mai.

La domanda che ci dobbiamo porre a questo punto è cosa spingesse questa sorta di Don Chisciotte ottocentesco ad affrontare lo spinoso problema della mafia, e cercare di spiegarne la natura e le origini. L'impegno politico, certo; l'indignazione per la giustizia corrotta nella propria regione; le evidenti collusioni del fenomeno con la classe dirigente nazionale.

Ma c'è un'altra non trascurabile ragione.

In quei primi decenni dello stato unitario era avvenuto il fatale incontro tra nord e sud dell'Italia: e in un certo senso si era trattato di un evento traumatico, tanto che un personaggio insigne come Massimo D'Azeglio si era lasciato andare a quella infelice battuta secondo cui "unirsi ai napoletani è come andare a letto con un lebbroso". Le regioni del sud apparivano ai settentrionali come selvagge, incivili, dominate dalla delinquenza e dall'anarchia. Pareva che una spaventosa incomunicabilità impedisse ai due mondi di capirsi: e i fenomeni di delinquenza organizzata come il brigantaggio e la mafia non erano certo d'aiuto.

Fu la neonata scienza positivista a fornire un tentativo di spiegazione. Nel 1876 veniva pubblicata la prima edizione de *L'uomo delinquente studiato in rapporto all'antropologia legale ed alle discipline carcerarie* di Cesare Lombroso: il testo che nel nostro paese fondava l'antropologia criminale. Le tesi di Lombroso, pur nella loro complessità, potevano riassumersi così: certi uomini sono naturalmente portati al delitto in misura maggiore rispetto ad altri, a causa di specifiche differenze nella struttura biologica; quindi bontà e malvagità sono caratteri innati nell'individuo e nelle *razze* umane. Lo studioso, che con questa brillante intuizione raggiunse fama e onori oltre ogni dire, individuò anche alcune di queste differenze biologiche tra i *buoni* e i *cattivi*; e celebre rimane, ad esempio, quell'escrescenza interna della scatola cranica che Lombroso riteneva sicuro segno distintivo degli assassini (per chi fosse curioso, un esemplare è tuttora conservato presso il Museo Criminologico di Roma).

Per quello che ci riguarda più da vicino, invece, l'antropologia criminale ricorreva a categorie di ordine climatico. Detto in poche parole, sosteneva che con il caldo in una determinata regione fosse proporzionale alla tendenza dei suoi abitanti a delinquere. Quindi i popoli che vivevano nel meridione d'Europa erano per loro natura potenziali ladri, menzogneri e omicidi; e ciò era una spiegazione sufficiente al fenomeno della *mafia*.

È difficile capire come una teoria del genere potesse essere accolta con rispetto negli ambienti accademici italiani; più facile comprendere come risultasse offensiva per gli intellettuali meridionali. E proprio contro Lombroso si scagliò più volte la vena polemica di Colajanni: nel 1885 scriveva *La delinquenza in Sicilia e le sue cause*; meno di dieci anni dopo *Latini e Anglosassoni – razze inferiori e razze superiori*, stoccata più generale contro il razzismo. Tra le due, il nostro *Nel Regno della Mafia*, con le sue allusioni dirette o indirette alle teorie positiviste.

L'approccio di Colajanni, infatti, è di gran lunga più razionale di quella scienza che sosteneva di porre la ragione alla base di sé. Secondo lui le origini della mafia non vanno rintracciate in tendenze "innate" o "biologiche" del popolo siciliano, bensì nella travagliata storia antica e recente di questa isola. La mafia – sostiene in un punto illuminante – non è necessariamente un'organizzazione criminale: è prima di tutto la forma mentis di un popolo, un *sentimento medioevale* nato e sviluppatosi come unica forma di sopravvivenza a secoli di dominazione straniera, di ingiustizia e anarchia. In Sicilia esiste la mafia perché i siciliani si sono dovuti abituare all'idea di non avere un governo degno di questo nome e dover sopperire da sé, secondo schemi di giustizia che non hanno mai conosciuto alcunché di moderno. E quel che è peggio, la mafia continua a esistere perché l'assenza dello stato non è *mai* stata colmata.

È questo uno snodo fondamentale della ricostruzione di Colajanni. È da questa constatazione che prende piede la parte più polemica del suo libello, tesa a ricostruire gli innumerevoli e abnormi errori compiuti dai reami che si sono succeduti al governo della Sicilia, a partire dai Borboni per finire ai Savoia. Quando traccia brevemente una storia dell'amministrazione della giustizia in Sicilia dal '700 ai suoi giorni, altro non fa che enumerare una lunga lista di decisioni incomprensibili, provvedimenti sbagliati, corruzione e abuso; e sul banco degli imputati finiscono non soltanto i malviventi, ma anche e soprattutto i governanti che non li hanno perseguiti o addirittura ci sono andati a braccetto per i propri fini.

Qui risiede la profonda attualità di questo testo, anche se preferiremmo che non fosse più attuale. La Sicilia descritta da Colajanni è una regione in cui il potere politico, anziché combattere la delinquenza organizzata, spesso se ne serve per ricevere voti. Lo dicevamo all'inizio: sembra scritto ieri.

In verità la vicenda Notarbartolo proseguì ancora dopo la pubblicazione di *Nel regno della Mafia*, e senza lieto fine. Nel 1902 la Corte d'Appello di Bologna condannava Raffaele Palizzolo a 30 anni di carcere; ma nel 1904 la Corte d'Appello di Firenze annullava la sentenza per un semplice vizio di forma. Quando fu comunicata la notizia dell'assoluzione, in gran parte della Sicilia si festeggiò: numerosi erano stati i comitati creati per difendere il "buon nome dei siciliani" dalle calunnie a cui venivano sottoposti dal processo. Quella sentenza significava per loro un fatto chiaro: la Giustizia italiana decretava ufficialmente che la mafia non esiste.

E questa infelice conclusione può restare come prova dell'esattezza delle intuizioni del nostro autore. Sui modi in cui sconfiggere la mafia nel corso dell'ultimo secolo si è detto tutto e il contrario di tutto, compresi i più utopistici castelli in aria. Ma forse la ricetta migliore è stata suggerita da Colajanni alla fine di questo libretto: "Per combattere e distrurre il regno della *Mafia* è necessario, è indispensabile che il governo italiano cessi di essere *il Re della Mafia*".

NEL REGNO DELLA MAFIA

I

La sera del 1.° Febbraio 1893 in un vagone di 1ª classe nel tratto della ferrovia Termini-Palermo – e precisamente nel tratto Termini-Trabia-Altavilla – venne barbaramente assassinato il Commendatore Notarbartolo.

Le eccezionali qualità morali dell'uomo – era notissima la sua rettitudine – la sua posizione sociale, le cariche elevate ch'egli aveva occupato; tutto contribuì a far sì che il doloroso avvenimento destasse una profonda impressione nel paese. Nell'intera Italia e specialmente in Sicilia si levò un grido d'indignazione, che ebbe anche la sua eco in Parlamento con alcune interrogazioni rivolte (dall'on. Di Trabia e da me) al Presidente del Consiglio e ministro dell'Interno del tempo: l'on. Giolitti.

Sin dal primo annunzio dell'assassinio efferato i magistrati, le autorità di pubblica sicurezza e la pubblica opinione su questo furono concordi: era da escludersi il furto come movente del delitto. Le circostanze nelle quali era stato commesso dimostravano una preparazione quale non potevano farla volgari malfattori; nè il furto poteva essere movente proporzionato di un feroce reato, che poteva avere pei suoi autori conseguenze tremende. Si pensò alla vendetta; ed era logico pensarvi perchè la grande severità del Notarbartolo nella sua qualità di amministratore della Casa S.Elia e di altre case patrizie e di Direttore del Banco di Sicilia aveva potuto riuscire a ferire molti interessi e molte suscettibilità.

Era il tempo dei grandi scandali bancari in seguito alla denunzia da me fatta il 20 Dicembre 1892 degli imbrogli colossali della Banca Romana; in Palermo e in tutto il regno, perciò, ad una voce si mise in rapporto l'assassinio del Notarbartolo con criminose responsabilità bancarie di vari uomini politici. Questa spiegazione del delitto trovava credito tanto più facilmente in quanto che si sapeva che l'antico Direttore del Banco di Sicilia aveva diretto al Ministro di Agricoltura e Commercio del primo ministero Crispi, on. Miceli, un rapporto in cui si denunziavano gl'intrighi e le male arti di alcuni membri del Consiglio di Amministrazione del Banco; e si sapeva del pari che quel rapporto segreto era stato misteriosamente sottratto dal gabinetto del Ministro ed era stato mostrato a Palermo in una riunione del *Consiglio di amministrazione* del Banco a coloro, che vi erano accusati. Poco dopo venne sciolta stoltamente l'amministrazione del Banco di Sicilia e mandato via il Notarbartolo – quasi a punizione della corretta e solerte sua gestione, ch'era riuscita a ristorare le sorti del Banco, ridotte a mal partito da una precedente amministrazione.

Le voci sui moventi dell'assassinio, sin dal primo giorno in Palermo assunsero una forma concreta; tutte convergevano nell'additare nel Deputato Raffaele Palizzolo il vero mandante, il sapiente organizzatore del delitto. Si riconosceva in lui la capacità a delinquere; lo si sapeva in intime relazioni colle classi pregiudicate di Palermo e delle sue campagne; si assicurava inoltre che ad antichi motivi di rancore contro il Notarbartolo altri nuovi se n'erano aggiunti e che nel Palizzolo molto potesse la paura di vedere ritornare il Notarbartolo alla Direzione del Banco di Sicilia.

Queste erano le voci che correvano insistenti nel paese sulle cause e sui moventi dell'assassinio Notarbartolo. Dal processo di Milano abbiamo appreso che esse erano accettate dalle classi dirigenti, dagli alti e bassi funzionari politici, dai magistrati concordi nell'additare come mandante Raffaele Palizzolo.

Ebbene cosa fecero la polizia e la magistratura per assicurare la scoperta della verità; per accertare se realmente il mandante dell'assassinio fosse Raffaele Palizzolo; per vedere se le loro proprie convinzioni trovassero base incontrastabile nei fatti?

Se si rispondesse, in base alle risultanze del processo di Milano, che polizia e magistratura *nulla* fecero in tal senso, si direbbe una grossa menzogna. Infatti dal suddetto processo è risultato a luce meridiana che polizia, magistratura, autorità altissime di ogni genere prese nel loro insieme *tutto* fecero per riuscire all'impunità del presunto reo, per deviare la giustizia dalla scoperta della verità!

Nè ira di parte, nè leggerezza, nè spirito di esagerazione entrano in questo severo giudizio, che è quello formulato dalla pubblica opinione con una concordia veramente formidabile, suggerita dalla evidenza dei fatti.

L'evidenza luminosa risulta dal processo di Milano. Esso ci fece conoscere anzitutto che mentre era in tutti la convinzione che il mandante fosse il Palizzolo, nessuno mai osò nonchè sottoporlo a processo, nemmeno interrogarlo per averne qualche lume che potesse servire a distruggere la sinistra leggenda, che attorno a lui erasi formata. Nè è a credere che la immunità parlamentare lo coprisse e lo rendesse sacro ed inviolabile. Si sa che il governo italiano per reati immaginari ha arrestato i deputati repubblicani e socialisti ogni volta che lo credette a sè conveniente; si sa pure che a sessione chiusa e nell'intervallo tra una legislatura e l'altra il deputato non è garantito dalle immunità parlamentari. Quale Camera del resto, avrebbe negato l'autorizzazione a procedere contro un suo membro accusato di assassinio per mandato?

La verità è questa: polizia e magistratura pur essendo convinte che in Palizzolo era da ricercarsi il *punctum saliens* del processo cooperarono efficacemente per metterlo fuori quistione; e sarebbero state contente e soddisfatte se tutto fosse terminato con un *non luogo a procedere* e col mettere un gran pietrone sulla tomba del Commendatore Notarbartolo.

Non si calunnia attribuendo queste malvage intenzioni alla polizia e alla magistratura. Infatti solamente colla influenza di tale determinata intenzione si spiega il silenzio assoluto e l'inerzia completa e ininterrotta di fronte al Palizzolo; la facilità colla quale si prestò credito all'*alibi* del Fontana; e la prontezza colla quale furono prosciolti da principio Carollo e Garufi. Polizia e magistratura speravano che il processo fosse chiuso per sempre colla generale assoluzione di tutti gli accusati, colla impunità assicurata agli assassini materiali e al loro mandante, se ce n'era uno.

Se il processo venne riaperto non fu merito nè dell'una, nè dell'altra; ciò non si deve alla loro iniziativa. Si deve invece alle insistenti denunzie del detenuto Bertolani – denunzie una volta respinte e accolte soltanto quando altri minacciò di farne pubblica propalazione. Se il processo dopo tanti anni venne riaperto si deve sopratutto, al figlio dell'assassinato, Leopoldo Notarbartolo, ed all'avvocato Giusepe Marchesano, che si sostituirono nella misura del possibile alla polizia e alla magistratura, e che riuscirono a farlo sottrarre, per legittima suspicione ai giurati di Palermo, e lo fecero condurre per sentenza della Suprema Corte di Cassazione di Roma, innanzi alla Corte di Assise di Milano.

Là, in Milano, finalmente sorge tremenda accusatrice la voce di Leopoldo Notarbartolo, che addita senza sottintesi in Raffaele Palizzolo il mandante dell'assassinio del padre; e solo quando la Camera dei Deputati indignata fa sentire la sua voce, che fa eco a quella di lui, i magistrati d'Italia si muovono e presentano la domanda di autorizzazione a procedere contro il deputato di Palermo, che viene con tumultuaria rapidità concessa senza discussione e conduce allo immediato suo arresto.

Così il processo cominciatosi a svolgere in Milano contro ferrovieri – Carollo e Garufi – si allarga e si trasforma in processo contro il deputato Palizzolo e contro la *Mafia*. C'è di più: il grande dramma individuale conduce al processo contro le istituzioni principali – politiche e giudiziarie, civili e militari – dello Stato. Il dramma giudiziario assurge alle proporzioni di un grande avvenimento politico, le cui conseguenze potranno tardare a maturare; ma non potranno assolutamente mancare.

Dal processo di Milano a parte tutto ciò che può colpire Carollo o Garufi o Palizzolo, si è appreso con un senso di profondo stupore misto ad indignazione quanto segue: 1.° A Palermo c'erano, e sin dai primi giorni, tutti gli elementi che si sono svolti a Milano; molti altri criminosamente furono dispersi o alterati;

2.° I magistrati i quali accennarono ad istruire seriamente il processo o vennero allontanati da Palermo o vennero dispensati dall'occuparsene;

3.° Un tenente-colonnello dei carabinieri impone o consiglia – si sa il valore di un *consiglio* dato da un superiore ad un subalterno! – ad una capitano di abbandonare la via sulla quale si era messo nelle ricerche sulle cause e sugli autori dell'assassinio Notarbartolo per seguirne altra che allontanava da Palizzolo.

4.° Scompaiono alcuni reperti che potevano mettere sulle tracce dei delinquenti; e attorno a tale scomparsa si aggruppano alcuni verbali falsi ed altri verbali veri... che non si trovano più.

5.° Si fanno figurare come analfabete alcune persone che sanno leggere e scrivere;

6.° Depongono il falso, si smentiscono, si contraddicono a vicenda in modo scandalosissimo i questori, e delegati di pubblica sicurezza, gl'ispettori, i carabinieri.

7.° Prefetti, Procuratori generali, Commissari Civili e Militari con autorità vicereale in Sicilia hanno convinzione che ci sia un grande delinquente; ma non lo toccano, lo ricevono con segni di rispetto e della deferenza; gli affidano missioni elettorali; gli fanno accordare alte onorificenze.

8.° Dal processo, infine, contro due oscuri ferrovieri, che man mano si traduce in un processo contro una forza poderosa e misteriosa, risulta che c'è una grande accusata: la magistratura!

L'accusa non contro questo o quel magistrato, ma contro tutta la magistratura come opportunamente rilevò l'on. Di Scalea svolgendo una sua interrogazione (16 dicembre 1899) nella Camera dei Deputati venne solennemente formulata innanzi alle Assise di Milano dal Generale Mirri, che era stato Comandante del XII Corpo di armata, capo della Pubblica Sicurezza in tutta la Sicilia e Prefetto di Palermo, e che in tali sue qualità si era visto paralizzare nella sua azione dai magistrati e ch'egli accusò nella sua qualità di Ministro della Guerra.

Con ciò il grande dramma giudiziario cessò di essere l'esplicazione di un delitto comune per quanto grandioso ed orribile ed assunse le proporzioni di un grande avvenimento politico.

Il processo di Milano infatti non andava più a colpire i due volgari accusati e il misterioso mandante, che stava dietro a loro; divenne il processo contro una pretesa associazione, la *Mafia*, e contro principiali istituti politici e giudiziari, che si chiarirono complici della medesima o del tutto impotenti a fronteggiarla.

Il processo rivelò uno sfacelo politico e morale da fare spavento.

Un certo conforto si ebbe durante lo svolgimento della prima fase del processo nella convinzione generale e profonda che lo sfacelo fosse limitato alla Sicilia.

Ma gli ultimi atti della Corte e del Pubblico Ministero di Milano appresero agl'italiani che c'era la solidarietà nel male tra i magistrati di Sicilia e di Lombardia, poichè i primi si rifiutarono d'incriminare la coorte dei funzionari alti e bassi, la cui falsità era stato luminosamente dimostrata dalle due stringenti ed eloquenti requisitorie dei due avvocati della parte civile, Marchesano ed Altobelli.

Il giorno 1° gennaio fu chiuso il processo contro Garufi e Carollo innanzi alle Assise di Milano; e così doveva essere perchè si dovevano attendere le risultanze del processo iniziatosi contro Palizzolo e Fontana. Ma in quel giorno colla impunità accordata ai falsi testimoni cominciò nella pubblica opinione il processo contro i Magistrati di Milano. Volto al Pubblico Ministero l'on. Altobelli potè esclamare « contro lo scempio della giustizia, delle verità e dell'onore non una parola sdegnosa, non una rampogna civile, non un eloquente invettiva è balzata fremente dalle sue labbra!

« ... Il Procuratore generale non si è accorto che dichiarando i funzionari immuni da colpa, si preparava l'assoluzione di Palizzolo e di Fontana, perchè in tutti si ribadiva il convincimento che i loro protetti non potevano essere toccati e che essi, pur essendo in carcere, continuavano ad essere i più forti ed a ridere e a irridere la giustizia.

« Se domani tornando a Palermo i funzionari fossero accolti da una folla ubbriaca della riconosciuta onnipotenza dei loro capi al grido di *Viva la Mafia!* tutti avrebbero il diritto di protestare meno coloro ai quali risale e risalirà la responsabilità di averli lasciati impuniti ». Conchiuse affermando che se la impunità venisse accordata ai funzionari, che o avevano deposto il falso o avevano altre maggiori responsabilità « ci si darebbe il diritto di ripetere *che la Giustizia non può essere il fondamento di certe istituzioni; ed allora il popolo saprebbe a quale via ricorrere per assicurare ad essa il rispetto ed il trionfo.* »[1]

Con queste minacciose parole fu chiuso in Milano il 10 gennaio 1900 il processo contro Garufi e Carollo accusati di avere assassinato il comm. Notarbartolo. Continuò il processo nella pubblica opinione contro un'altra accusata, la *Mafia*, e contro una grande regione, la Sicilia, che della prima venne dichiarata complice necessaria.

Seguiamone lo svolgimento ed assegnamone le responsabilità.

---

[1] Avvertasi che i brani virgolettati del discorso dell'on. Altobelli sono riprodotti integralmente dal resoconto che ne pubblicò *Il Tempo* di Milano (11 Gennaio 1900).

II

Chi si fermasse alle manifestazioni degenerative delle istituzioni politiche, giudiziarie ed amministrative quali vennero rilevate nel precedente capitolo, non potrebbe spiegarsi la genesi della manifestazioni stesse e molto meno potrebbe poi assurgere alla designazione dei rimedi possibili. Bisogna procedere oltre; e lo stesso processo di Milano somministra lo addentellato per fare l'analisi di una condizione sociale morbosa, che genera le prime ed alla sua volta ne viene rinvigorita e perpetuata. E chi non sa che nella fenomenologia sociale è continua e generale la reciproca azione e reazione tra cause ed effetti in guisa che a dato momento gli effetti alla loro volta agiscano come cause? Lo studio ulteriore del processi di Milano, in fine, ci conduce a dire della *Mafia*, che sinora non è entrata in iscena.

Nel processo Notarbartolo sono stati messi alla gogna i rappresentanti delle varie istituzioni fondamentali del regno d'Italia non solo, ma venne intaccata gravemente l'onorabilità di una parte della società siciliana. Ciò ch'è ancora più grave, perchè mostra che il male è più vasto, che c'è un ambiente sociale guasto nel quale si corrompono e si *adattano* gli uomini e le istituzioni che altrove agiscono e funzionano correttamente.

Il fenomeno che si è osservato a Milano è questo: i testimoni del processi in generale sono reticenti, si rifiutano di parlare, ricorrono ad espressioni vaghe ed indeterminate, appariscono spesso mendaci: tanto che la Corte ne ha incriminati parecchi. Si noti: la reticenza, il mendacio non sono stati propri dei testimoni che vengono dalle basse classi sociali; ma vennero anche deplorati in principi, avvocati, ingegneri, proprietari – tra i rappresentanti, insomma, delle classi dirigenti. Ciò che prova l'estensione e la profondità delle radici del fenomeno stesso.

Come viene esso spiegato? In generale si afferma che i testimoni si rifiutano a dire la verità o dicono addirittura la menzogna perchè hanno paura della *Mafia*. A questa paura venne assegnata ufficialmente una somma importanza dalla suprema magistratura del regno, che per legittima suspicione sottrasse il processo ai giudici naturali, ai giurati di Palermo, per deferirlo ai giurati di Milano. Nella ricca e colta capitale della Lombardia si suppose che la *Mafia* non avrebbe potuto esercitare la sua influenza colle minacce di morte o di devastazione delle proprietà che per dolorosa esperienza si sa che non sono vane, ma che si realizzano spesso e terribilmente. Si contano a decine gli omicidi consumati nella provincia di Palermo come esecuzioni di condanne pronunziate dal tremendo tribunale della *Mafia*. La paura rappresenta una gran parte nel fenomeno constatato; ma la sua azione non è unica e del tutto sempre esclusiva. Non pochi testimoni si rifiutano di dire la verità ed anche mentiscono ubbidendo ad un falso punto di onore, ottemperando ai criteri di una morale speciale, che fa considerare come persona vile e spregevole, chiunque coopera colla polizia o colla magistratura per fare scoprire l'autore di un reato; chi ciò fa o contribuendo all'arresto di un delinquente o denunziandolo o dicendo la verità innanzi ai magistrati viene designato al pubblico disprezzo colle parole: *nfami, cascittuni* (infame, delatore). Questo criterio morale particolare, questo falso punto di onore è talmente prevalente nelle classi inferiori specialmente nelle campagne di Palermo e nella zona zolfifera, che spesso un lavoratore ritenuto onestissimo riceve una coltellata, si rifiuta di dire chi fu il suo feritore e dichiara di non averlo riconosciuto, quando tutti ne sanno il nome. Il ferito si riserba di pagare il suo nemico con un'altra coltellata, se guarisce – e si conoscono aggiustamenti di conti di questo genere dopo anni ed anni. Se soccombe porta seco il segreto nella tomba e passa ammirato come un vero *omu d'onuri*.

Lo stesso avviene spesso a Napoli dove impera la *camorra*, tanto analoga alla *mafia*.

Questo falso punto di onore, questo speciale criterio morale, generatore di tanta immoralità, costituisce l'essenza del cosidetto codice dell'*omertà* « che stabilisce come primo dovere d'un uomo quello di farsi giustizia colle proprie mani dei torti ricevuti, e nota d'infamia e addita alla pubblica esecrazione e alla pubblica vendetta chiunque ricorra alla giustizia o ne aiuti le ricerche e l'azione ». Così, e bene, il senatore Tommasi-Crudele definisce il principio informatore del codice dell'*Omertà*, ch'è il codice della *Mafia*.

Certamente nella presenta fase di civiltà è altamente riprovevole questo principio informatore della *mafia*, che si esplica nell'*omu d'onuri*. Ma la sorpresa o la indignazione dovrebbero avere i loro limiti. Conoscere e comprendere costituiscono il primo passo per perdonare; e per perdonare la *mafia* in

Nel regno della Mafia 23

basso dobbiamo rammentare che tra le persone colte più rispettate e più rispettabili del continente italiano, della Francia, dell'America latina ed un poco della Germania c'è ancora una sopravvivenza scomparsa in Inghilterra.

« In Sicilia, scrive il Vaccaro, moltissimi credono che ognuno, il quale sente di essere *cristianu*, *omu* per antonomasia, deve farsi rispettare da chicchessia, in qualunque circostanza e atto della vita senza punto ricorrere alle leggi e alle autorità costituite. *Chi pensa a questo modo e opera conformemente è un mafioso, com'è un* GENTILUOMO *colui il quale, per date offese, lungi dall'invocare il codice pensale ricorre al codice cavalleresco* ».[1]

Ma la *Mafia* cos'è?[2] Chi la credesse una semplice associazione criminosa, con regolamenti ben definiti e con tanti bravi articoli scritti, come qualcuno ha supposto, sbaglierebbe.

La *Mafia* non è in se stessa una vera associazione di malfattori; ma lo spirito che la informa facilmente può generare le *cosche*, le *fratellanze*, che sono state vere società di delinquenti, come quella dei *Fratuzzi* in Bagheria, degli *Stoppaglieri* in Monreale, dei *pugnalatori* in Palermo, della *Fontana nuova* in

---

[1] *La Mafia*. Roma. Società Editrice Dante Alighieri 1899 p.8.

[2] Benchè questo scritto non abbia e non pretenda menomamente di avere un carattere storico e molto meno filologico, pure mi pare utile in una nota dar notizia di ciò che di più sicuro si conosce sulla etimologia e sulle origini della *mafia*. Qualcuno — ed è persona assai autorevole, che da me pregata me ne ha scritto — dal fatto che la voce *mafia* non si trovi registrata nella prima edizione (1838) del *Dizionario siciliano-italiano* del Mortillaro giudica che la parola e la cosa siano di data recente; e con compiacenza rileva che nella 3.ª edizione (1876) a p. 648 venga registrata della parola mafia la seguente spiegazione: *Voce piemontese introdotta nel resto d'Italia ch'equivale a camorra*.
La verità è diversa. La essenza vera della mafia esisteva da secoli e venne generata dalle cause, che sommariamente vengono descritte in questo modesto lavoro; si vedrà pure da un documento ufficiale che nel 1838 le autorità denunziavano l'azione di qualche cosa, che intrinsecamente corrispondeva alla *mafia*; esisteva pure da secoli la parola benchè avesse sino ad un tempo relativamente recente un significato diverso dall'attuale.
Il Prof. Pitrè, l'illustre folklorista siciliano, nel 2.° vol. dei suoi *Usi e costumi del popolo Siciliano* a p. 289 così scrive: *La voce* MAFIA *coi suoi derivati valse sempre bellezza, generosità, perfezione, eccellenza nel suo genere ec.* G.A. Cesareo, l'eminente insegnante della università di Palermo, in quanto all'antichità della voce cortesemente mi comunica che in un codice di poesia siciliana e spagnuola settecentesco c'è il seguente strambotto:
    Quannu vinisti vui, picciotta bedda
    Tutta la Briaria si ribiddau:
    Chista è la donna chiù *mafiusedda*
    Chi l'ancitu bedd'ancilu purtau.
Pel Cesareo: *Mafia* deriva dall'arabo *Mahias* — spaccone. Data questo etimologia, sulla quale non ho competenza per interloquire, il significato primitivo della parola *Mafia* si avvicinerebbe di più a quello attuale. È innegabile, però che per lungo tempo l'aggettivo mafiusu venisse adoperato nel senso dato dal Pitrè; ciò che viene confermato dallo stesso strambotto ricordato dal Cesareo: la donna bedda e mafiusedda, infatti, era stata portata da un angelo: anzi da un angelo bello: da un *bedd'ancilu*.

Misilmeri, della *Mano fraterna* in provincia di Girgenti, degli *sparatori* in Messina.

L'Alongi, che sulla *Mafia* e sulla *Camorra*, ha scritto due complete monografie e che nella sua qualità di siciliano e di funzionario di polizia la conosce bene e ne ha descritto l'origine, i costumi, l'atteggiamento, si è rifiutato a definirla.

Ci si provarono due uomini politici di diverso partito e che dal settentrione e dal centro vennero in Sicilia a studiarne le condizioni politiche e morali con diverso carattere. Romualdo Bonfadini, allora deputato, nella relazione della *Commissione di Inchiesta parlamentare sulle condizioni della Sicilia* nominata nel 1875 così la definisce: « La mafia non è una precisa società segreta, ma lo sviluppo e il perfezionamento della prepotenza, diretta ad ogni scopo di male; è la solidarietà istintiva, brutale, interessata, che unisce a danno dello Stato, delle leggi e degli organismi regolari, tutti quelli individui e quelli stati sociali, che amano trarre l'esistenza e gli agi, non già dal lavoro, ma dalla violenza, dall'inganno e dalla intimidazione ». (*Relazione* ecc. p.114)

In questa definizione le tinte sono esagerate o falsate. Non sempre la *Mafia* ha come scopo il *male*; anzi non di rado, si propone il bene, il giusto; ma i mezzi che adopera sono immorali e criminosi. E ciò specialmente quando esplica la sua azione nei reati di sangue. È falso ancora che tutti i *mafiosi* rifuggano dal lavoro e traggano gli agi dalla violenza, dall'inganno e dalla intimidazione. Spesso il *mafioso*, per conservarsi e rivelarsi tale dall'agiatezza passa alla miseria; spessissimo il vero *mafioso* è persona assai laboriosa, che ci tiene a trarre i mezzi di sussistenza dal proprio lavoro. Non di raro il *mafioso* che non ha commesso un reato viene processato per copri-

---

Come sia avvenuta la trasformazione nel significato della parola *mafiusu* nessuno credo può dire: queste sono elaborazioni linguistiche che si verificano lentamente e misteriosamente nelle masse popolari. Certo è che l'uso della parola nel senso odierno il Sig. Gaspare Mosca lo colse poco dopo il 1860 dalla frase di un popolano che apostrofò un individuo in attitudine spavalda e minacciosa colla frase: *vurrissi fari u mafiusu cu mia?* (vorresti fare il *mafioso* con me?)

La commedia: Li mafiusi dello stesso prof. Gaspare Mosca, il cui protagonista *Iachinu Funciazza* fu reso popolarissimo in Sicilia e in buona parte d'Italia da Rizzotti, assodò e divulgò il nuovo significato. Oggi in Sicilia si adopera un traslato inverso: *fari u graziusu* si dice nel senso di fare il prepotente. È interessante a leggere la lettera che il suddetto prof. Gaspare Mosca ha pubblicato come prefazione alla sua commedia *Li mafiusi* (Palermo 1896).

Il prof. Antonio Traina nel *Nuovo Vocabolario siciliano-italiano* (Palermo, done Lauriel 1869) della parola *mafia* e dei suoi derivati dà numerose spiegazioni, che l'avvicinano alla origine araba del Cesareo; mentre il Mortillaro nella seconda edizione del dizionario citato (1853) le mette come equivalente di *camorra*. E il Bennici alla sua volta fa derivare camorrista dai *Gamos* che furono i grandi proprietari di terra nell'antica Siracusa!....

Nel regno della Mafia 25

re i reati degli altri e si rovina economicamente per venire in aiuto agli amici. Il furto, la rapina, lo scopo economico del delitto sono proprio di una *Mafia* degenerata.

E si comprende agevolmente che questa degenerazione possa avvenire dove c'è una profonda alterazione del sentimento morale.

Si mantiene assai più vicino alla verità il Deputato Franchetti che studiò la Sicilia quasi contemporaneamente alla *Commissione d'Inchiesta parlamentare*.

Egli scrisse: « La *Mafia* è unione di persone di ogni grado, d'ogni professione, d'ogni specie, che senza avere nessun legame apparente, continuo e regolare, si trovano sempre riunite per promuovere il reciproco interesse, astrazione fatta da qualunque considerazione di legge e di giustizia e di ordine pubblico; è un *sentimento medioevale* di colui che crede di poter provvedere alla tutela ed alla incolumità della sua persona e dei suoi averi mercè il suo valore e la sua influenza personale indipendentemente dalla azione dell'autorità e delle leggi ». (*Le condizioni politiche e amministrative della Sicilia nel 1876 p.63*)

Qui c'è una parte di vero, ma è una parte interessantissima ed è quella che designa la *mafia*, come un *sentimento medioevale* e che costituisce lo spirito, che aleggia in Sicilia e in tutto il mezzogiorno d'Italia e che viene rappresentato: dalla profonda e generale avversione verso l'ente *governo* e verso tutte le istituzioni che ad esse fan capo; dalla diffidenza ineliminabile verso la polizia e la magistratura; dalla salda convinzione che un individuo solo da se stesso e colle proprie mani può ottenere e farsi giustizia vera e completa.

Come e perchè si sia formato questo spirito, storicamente si può dimostrare con una copia ed evidenza di prove quali raramente si riscontrano nella genesi dei fenomeni sociali.[3]

---

[3] Pei lettori, che non mi conoscono, sarà bene ricordare che non evoco questa genesi ora per istudio pietoso di difendere il mio paese natio e per eliminare o diminuire la responsabilità collettiva della Sicilia. La dimostrazione l'ho fatta a semplice scopo scientifico sin dal 1885 in una monografia pubblicata in Palermo per combattere le teorie di Cesare Lombroso (*La delinquenza della Sicilia e le sue cause*); monografia che ebbe l'onore di essere considerata come un modello del genere dall'Hboltzendorff. L'ho ripetuta ampliandola, nel libro: *Gli avvenimenti di Sicilia* (1894). Trassi tutte le prove da documenti ufficiali e dalle seguenti opere, oltre quelle di Bonfadini e di Franchetti già citate: Sonnino: *I contadini in Sicilia* (1876); Pasquale Villari: *Lettere meridionali* (1878); Damiani: *Inchiesta agraria* Vol. XIII; G.Alongi: La Mafia (1886); Corsi: *Sicilia* (1894); Sonnino e Villari sono ex ministri; Damiani fu sottosegretario di Stato con Crispi; Alongi è ispettore di Pubblica Sicurezza; Corsi è un generale, che comandò per parecchio tempo il XII corpo di armata (Palermo). Nella occasione del processo Notarbartolo sulla *Mafia* e sullo spirito, che la genera, oltre il Vaccaro già citato hanno emesso giudizi esatti e il siciliano Prof. Gaetano Mosca in una conferenza tenuta in Milano e in un articolo della *Stampa* di Torino (5 Febbraio 1900) e il settentrionale Scipio Sighele in vari giornali e riviste.

La violenza e la iniquità dei governi che si sono succeduti con vertiginosa rapidità da secoli in Sicilia; la violenza e la iniquità delle classi superiori, che usarono ed abusarono della organizzazione feudale conservatasi nell'isola anche dopo, che fu abolita da per tutto, furono i fattori principali, che agirono dall'alto nel generare lo spirito della *Mafia*. L'odio di classe tra i lavoratori agricoli e urbani e tra la piccolissima borghesia alimentato dal regime feudale; l'analfabetismo e la miseria, furono i fattori che agirono in basso per diffondere e rendere più profondo lo stesso spirito.

La ricerca storica nel passato trova la conferma contemporanea nelle circostanze seguenti: la *mafia*, e lo spirito che la genera e l'alimenta, esercita maggiormente la sua influenza nelle provincie di Palermo, di Caltanissetta, di Girgenti ed in parte di Trapani dove prevalgono, isolati o riuniti, il latifondo, l'orrido lavoro delle miniere di zolfo, l'analfabetismo e la miseria. Inutile avvertire che la esistenza di singoli *mafiosi* agiati o con qualche cultura intellettuale non mette menomamente in dubbio l'azione dei fattori succennati. Si sa indubbiamente che le condizioni igieniche di ogni specie costituiscono l'ambiente fisico-biologico che favorisce lo sviluppo di certe epidemie-colera, tifo, peste bubbonica ecc.; ma quando l'epidemia è sviluppata ne vengono colpiti anche i ricchi e gli intelligenti, che vivono nelle migliori condizioni igieniche. Ciò che avviene nell'ambiente fisico-biologico si ripete analogamente nello ambiente sociale; alla sua azione, quando è viziato, non sfuggono coloro che dovrebbero supporsi immuni.

III

Chiunque conosce la storia sa che i governi iniqui e violenti producono sempre e dapertutto la degenerazione morale; quanto più lunga è l'azione dei primi, tanto più profonda deve essere la degenerazione, i cui prodotti assumono le parvenze di caratteri etnici. Ora la Sicilia, senza colpa sua – o meglio la colpa ce l'ha: è bella, è ricca ed è stata sempre agognata da tutti i conquistatori prepotenti – è stata assalita, conquistata ripetutamente da forze preponderanti che l'hanno schiacciata. Tutte le sue numerose rivoluzioni terminarono con lo stabilirvi nuovi tirannici domini; per oltre venti secoli sotto i Cartaginesi o sotto i Romani, sotto i Bizantini o sotto i Saraceni, sotto i Normanni, gli Svevi, gli Angioini, gli Aragonesi, i Borboni sempre, sempre e sempre ebbe governanti violenti e disonesti il cui tipo in Verre fu immortalato da Cicerone. « L'aver dovuto per lunghi secoli subire governi stranieri, che cercavano di spogliare e di opprimere il popolo siciliano, hanno fatto nascere in lui una istintiva diffidenza ed un profondo disprezzo verso le leggi e i poteri costituiti » (*Vaccaro*). Le numerose rivoluzioni cui dovette ricorrere onde scuotere il giogo, non poterono che scavare sempre più l'abisso fra il popolo e l'ente governo.

Tali governi oppressori non potevano che essere odiati; e tali governi non adoperarono soltanto la violenza, ma ricorsero anche alla corruzione. Così, scrisse un modesto siciliano, Ciotti, circa venticinque anni fa: « corrotto il governo, corrotti i suoi agenti, corrotta la pubblica forza per lunghi secoli, a poco a poco la turpitudine nelle masse vestì le forme del dovere e della virtù, si trasfuse nella lingua, negli abiti della vita ed ebbe il suo decalogo. Per questo la giustizia, l'autorità si trovarono circondate da un generale mutismo, nel quale si riverì una virtù ».

In questo *mutismo*, in questa reticenza generale, che soltanto adesso richiama l'attenzione degli smemorati governanti italiani, l'on. Damiani nella citata *Inchiesta agraria* fotografava con circa quindici anni di anticipo l'ambiente del processo di Milano con queste parole: « in generale si depone facilmente il falso in giudizio. Le eccezioni sono rarissime qualche volta per favorire un amico, tal altra per spirito di partito, non raramente per ubbidire alla *mafia*; si dissimula con pertinacia ed imperturbabilmente il vero stato delle cose, e con tanta solidarietà da sviare la giustizia dalla retta via ed a rendere impossibile di procedere contro i falsari. *Ciò conduce all'impunibili di molti gravi reati* ».

Tutto questo è sufficiente a spiegare le conseguenze del secolare malgoverno politico rappresentato e condensato dal regime dei Borboni.

Chi si volesse contentare delle frasi celebri per fare intendere che cosa sia stato il regime borbonico ripeterebbe il giudizio di Gladstone. Ma il grande statista inglese chiamando il borbonico: *governo negazione di Dio* – forse esagerando nel giudizio perchè non del tutto esattamente informato – riferì principalmente al regime politico; meglio e più si potrà avere cognizione di quello che esso fosse dal punto di vista sociale, ch'è il lato più generale e più importante; sull'argomento si hanno documenti ufficiali eloquentissimi.

Pietro Ulloa procuratore generale a Trapani in una riservata relazione sullo stato economico e politico della Sicilia, il 3 agosto 1838, scriveva così al ministro della giustizia Parisio: « Non vi è impiegato in Sicilia che non sia prostrato al cenno di un prepotente e che non abbia pensato a tirar profitto del suo ufficio. *Questa generale corruzione ha fatto ricorrere il popolo a rimedi oltremodo strani e pericolosi*. Vi ha in molti paesi delle *fratellanze* specie di sètte che diconsi *partiti*, senza riunione, senz'altro legame che quello della dipendenza da un capo, che qui è un possidente, lì un arciprete. Una cassa comune sovviene ai bisogni, ora di far esonerare un funzionario, ora di conquistarlo, ora di proteggere un funzionario, ora d'incolpare un innocente. Il popolo è venuto a convenzione coi rei. Come accadono furti, escono dei mediatori ad offrire transazioni pel recuperamento degli oggetti rubati. Molti *alti magistrati* coprono queste *fratellanze* di un egida impenetrabile, come lo Scarlata, giudice della Gran Corte Civile di Palermo, come il Siracusa altro magistrato... Non è possibile indurre le guardie cittadine a perlustrare le strade; nè di trovare testimoni pei reati commessi in pieno giorno. Al centro di tale stato di dissoluzione evvi una capitale col suo lusso e le sue *pretenzioni feudali* in mezzo al secolo XIX, città nella quale vivono quarantamila proletari, la cui sussistenza dipende dal lusso e dal capriccio dei grandi. In questo umbelico della Sicilia si vendono gli uffici pubblici, si corrompe la giustizia, si fomenta l'ignoranza. *Dal 1820 in poi il popolo si solleva spinto dal malcontento non dalle utopie del tempo. La sua sollevazione che indubbiamente avverrà potrà paragonarsi a quella dei napoletani sotto gli Aragonesi e gli Spagnuoli, quando il grido del popolo era:* MUORA IL MAL GOVERNO ».

Il lettore fermi l'attenzione su questo documento di una straordinaria importanza; e ciò non solo perchè con rapide e precise pennellate vi è dipinta la *Mafia* e le sue cause e la fatalità di una rivoluzione; ma anche e più perchè più tardi dopo *sessantanni* sotto i Sabaudi, un altro Procuratore Generale, teneva lo stesso linguaggio al Guardasigilli, probabilmente ignorando che aveva avuto un predecessore nel Procuratore Generale Ulloa!

Intanto il mal governo continuava e lo stesso Ferdinando II – *Re Bomba* – fu costretto a revocare il luogotenente Marchese Ugo delle Favare « *per feroce governo e per crudele e sfrenata libidine* ».[1]

Ed ora un'ultima e solenne testimonianza su quello che fosse la magistratura e l'amministrazione della giustizia quando la dinastia borbonica era già agonizzante. « Uno dei flagelli della Sicilia sono i magistrati, che manomettono la giustizia e alimentano il malcontento... La magistratura disserve e non serve il governo ed una delle fatalità del paese sta nella mala amministrazione della giustizia civile e penale ».

Chi era questo severo accusatore della magistratura e della amministrazione della giustizia in Sicilia? Maniscalco, il terribile direttore della polizia borbonica, che ebbe in mano la pubblica sicurezza dell'isola dal 1849 al 1860![2] Dopo quarantanni un Ministro della guerra della Monarchia Sabauda giudicherà con altrettanta severità la magistratura della Sicilia.

---

[1] Vaccaro: loco citato p.15 e 16.

[2] Lettere di Maniscalco del 20 ottobre e del 10 novembre 1859. Citate da R.De Cesare: *La fine di un regno*, S.Lapi, Città di Castello 1900, Vol 2° p.145 e 146. È bene avvertire che la bassa magistratura facilmente si corrompeva perchè aveva anche la polizia politica. L'alta magistratura dette esempi numerosi di fierezza e d'indipendenza a Napoli e in Sicilia. Nella *Rivista popolare* ho ricordate la condotta del Niutta e quella nobilissima — in quell'occasione — di Ferdinando 2°; altri esempi eccellenti ricordò un *magistrato* italiano nella *Cassazione* di Roma (1897). Nè va dimenticata la Suprema Corte di Sicilia che a proposito della fucilazione di Bentivegna e di Spinuzza anticipò una lezione di fierezza alla Suprema Corte di Cassazione italiana di Roma che in occasione delle sentenze dei Tribunali militari nel 1894 e nel 1898 si mostrò di tanto inferiore al supremo magistrato borbonico.

IV

L'azione del fattore politico veniva rinforzata ed allargata dalla organizzazione economico-sociale. La Sicilia in pieno secolo decimonono e nella parte più colta del bacino del Mediterraneo rimase sotto gli orrori e le angherie del feudalesimo.

In Sicilia non penetrò il soffio della rivoluzione francese, nemmeno sotto la forma attenuata o adulterata della conquista napoleonica: l'isola rimase sino al 1815 sotto la protezione dei soldati e della flotta inglese, che vi mantennero i Borboni.

Nel 1812 il Parlamento siciliano, ch'era rivissuto sotto la protezione inglese, e nel quale prevaleva una aristocrazia culta ed avveduta, fece il suo *4 agosto* ed abolì nominalmente il feudalesimo.

L'abolizione si ridusse ad una vera truffa a danno della collettività; le proprietà feudali, ch'erano sottoposte tutte agli *usi civici*, che limitavano i benefici dei feudatari a vantaggio dei lavoratori, furono trasformate in proprietà allodiali. In compenso delle usurpazioni vere – analoghe alle celebri *chimere* inglesi – fatte contro la massa, ai Comuni fu ceduta una quarta parte delle terre feudali, che costituirono i demani comunali; ma nell'assegnazione avvennero altre truffe, com'è stato dimostrato da molti scrittori e di recente da Battaglia e da Loncao. Lo stesso governo borbonico più volte legiferò e dette disposizioni amministrative per mitigare il mal fatto; ma sempre invano. D'onde una serie di contestazioni giudiziarie, che dopo *ottantotto anni* in alcuni paesi ancora durano e che hanno determinate molte insurrezioni agrarie; tra le quali celebre quella di Caltavuturo nel gennaio 1893. Meno male se l'usurpazione economica contro i lavoratori della terra e contro la collettività fosse stata compensata dalla loro emancipazione politica e sociale! Ma no: i lavoratori furono spogliati dell'*uso* delle proprietà feudali e rimasero servi!

Non si creda a sentimentalismi ed a vaghe frasi di socialisti e di democratici: il fatto è stato dimostrato nella sua triste realtà da tutti gli storici e giuristi della Sicilia; tanto che Sonnino ex ministro di Crispi e conservatore per eccellenza, constatò che l'abolizione *legale* del feudalesimo nel 1812 e nel 1818 rimase senza effetti *reali*. « Quella ch'era stata fino allora potenza legale, egli aggiunge, rimase come potenza e prepotenza di fatto e *il contadino dichiarato cittadino dalla legge, rimase servo ed oppresso* ».

Giudizi documentati analoghi o più severi se ne potrebbero raccogliere a centinaia; basta per tutti quest'ultimo dello Ispettore Alongi, che riassume fotograficamente i rapporti tra proprietari – più o meno nobili – e contadini. « L'operaio e il contadino sono, secondo il gabelloto[1], una specie di *animale inferiore* spesso trattato peggio del suo cavallo da coscia. Egli non può capire, per esempio, perchè i funzionari debbono occuparsi delle violenze gravi che un *galantuomo*[2] fa ad un servo... Tanto meno poi riesce a comprendere che anche un miserabile ha diritto a giustizia, a godere del porto d'armi, e ad altri privilegi, un tempo riservati solo ai *galantuomini*. Quel che più li urta poi è la insistenza con cui giudici e funzionari vogliono sapere da loro certe cose intorno ai reati di fresco successi, quasichè un *galantuomo* debba essere citato a dir quel che sa come qualunque altro; *e ve n'è poi di semi-ingenui, che strabiliano nel vedere che un governo debba andar cercando prove e far formalità e spese per mandare un miserabile in galera*. **Ma che**! essi dicono, **fatelo sparire senza tanti complimenti** ».

In questo pensieri dei *galantuomini* – e di gran parte delle classi dirigenti – sta tutto intero lo spirito generatore ed alimentatore della *Mafia*; e viene sorpreso in persone, che spessissimo non hanno mai avuto conti da regolare colla giustizia. Da questi rapporti economici, politici e sociali tra le classi superiori e medie da un lato e le inferiori dall'altro sotto il dominio dei Borboni nacquero queste due gravi conseguenze: uno speciale ed anormale sistema di difesa pubblica e privata dei beni e della vita delle persone ed una speciale amministrazione della giustizia; un odio intenso tra le varie classi sociali, specialmente dei lavoratori della terra contro i *galantuomini* ed i proprietari.

1°) il governo ufficialmente riconobbe che i metodi ordinari di difesa

---

[1] Il grande proprietario, il *landlord* della Sicilia non vive sulle sue terre, non le coltiva direttamente, ma ne consuma il reddito a Palermo, a Napoli, a Roma, a Parigi, aggravando i danni del *latifundium* con quelli dell'*assenteismo*. Egli dà le terre in fitto al cosidetto gabelloto, al *farmer* che lo rappresenta e che ha generato gran parte della borghesia siciliana.

[2] In Sicilia si chiamano *galantuomini* i rappresentanti della borghesia. Ma, galantuomo, purtroppo! non è sinonimo di uomo onesto e civile...

sociale non erano adatti per la Sicilia. Perciò, sotto i Borboni, la sicurezza pubblica per la parte che concerneva i reati contro la proprietà nelle campagne venne data in appalto – *proprio in appalto* – alle così dette *Compagnie d'armi*, sotto il comando di un *Capitano*, che prestava cauzione al governo e colla quale rispondeva dei furti e dei danneggiamenti di cui non si scoprivano gli autori e dei quali non si poteva ottenere la restituzione o il risarcimento.[3]

Ogni provincia e talora ogni circondario aveva la sua *Compagnia d'armi*; ma tra le varie *Compagnie* non c'era solidarietà nè legale, nè morale. Ciascuna *Compagnia* non rispondeva che dei reati commessi nel proprio distretto; d'onde questa mostruosa conseguenza: una *Compagnia d'armi* veniva a transazione coi malandrini, coi malfattori di ogni genere e pur di liberare il proprio distretto dalla loro presenza, ne favoriva il passaggio in un distretto limitrofo, a cui addossava la responsabilità delle loro gesta; e proteggeva anche i malfattori purchè essi non si arrischiassero a commettere reati di cui potesse rispondere la *Compagnia!* Perciò tra le *Compagnie* dei distretti limitrofi non era rara l'antipatia e la lotta sorda, con quanto vantaggio della pubblica sicurezza, dell'amministrazione della giustizia e della moralità pubblica si può immaginare...

C'era di più e di peggio. *Alle Compagnie d'armi poco importava la punizione dei delinquenti;* a loro interessava non pagare il valore della *refurtiva;* perciò essi mercè le loro segrete relazioni e coi delinquenti e coi manutengoli e con altri intermediari venivano spesso a transazioni, ottenevano restituzioni totali e parziali in cambio di altri *servizi* resi ai ladri o ai loro complici, e della recuperazione della *refurtiva* e dei mezzi adoperati, per ottenerla non rendevano conto alcuno: nè i superiori politici, nè le autorità giudiziarie indagavano; e non ne avevano il diritto di fronte all'interesse di un *appaltatore...* della sicurezza pubblica!

Si può credere che questo mostruoso regime, mercè la responsabilità pecuniaria della *Compagnia* garentisse la sicurezza dei beni rurali. Niente affatto. Il grande, il medio e il piccolo proprietario rimanevano esposti a tutti i danni possibili e immaginabili. 1.° Sorgevano contestazioni sul valore dei beni rubati, che venivano sempre stimati molto al disotto del loro valore reale; 2.° passavano anni ed anni prima che al derubato dalla *Compagnia d'armi* venis-

---

[3] L'on. Depretis nel suo vigoroso discorso contro le leggi eccezionali per la Sicilia (11 giugno 1871) sui *compagni d'arme* riferì questo giudizio di un questore di Palermo, che risulta dall'*Inchiesta per la Sicilia* del 1897: «*I militi a cavallo* — come si chiamavano anche i *compagni d'arme* — sono odiati in generale, ma in particolare essendo pur essi *manutengoli*, hanno qua e là aderenze e perciò vanno rispettati».

se pagato e compensato il danno; 3.° talora il furto era ingente e la cauzione data dal *Capitano* non bastando a pagarlo se ne dichiarava il fallimento puro e semplice senza che sorgessero ulteriori responsabilità nel governo.

Questi tre gravissimi inconvenienti conducevano a due conseguenze non meno gravi: 1.° Il derubato, *pro bono pacis*, o per non soffrire ulteriori danni veniva a transazione colla *Compagnia*: pel furto di 100 contentavasi di 40, di 50 – di quello che potevasi contrattare – specialmente quando trattavasi di furto di bestiame: il più facile a commettersi dove la pastorizia brada è generalmente prevalente, il vasto *latifundium* è quasi del tutto disabitato e gli animali sono affidati alla custodia di pochi miserrimi e selvaggi pastori. In questa differenza tra il valore del furto e quello del compenso c'era largo margine agli accommodamenti tra la *Compagnia* ed i ladri; c'era la convenienza per la *Compagnia* stessa che i furti – e grossi – avvenissero... L'Intesa, l'accomodamento tra le *Compagnie d'armi* e i *signori ladri* era tanto più facile in quanto che il *Capitano* aveva larghi poteri nel reclutare i suoi dipendenti e li presceglieva tra i più astuti, tra i più coraggiosi, tra coloro che sapevano conservare *buone* relazioni coi malfattori per potere facilmente scoprire i furti. I *Compagni d'armi* non erano mai uomini onesti; per lo più avevano subito parecchie condanne o almeno parecchi processi. La loro condizione morale migliorò, però, colla riforma di Nicotera del 1877.

Da ladro, da audace e sanguinario malfattore anzi si otteneva una prima promozione passando al servizio del grande proprietario; ed una seconda più importante passando al servizio dello stato nella *Compagnia*![4]

2.° Ma il grande e il medio proprietario non potevano sottostare senza grave loro danno a questo regime di furto legalmente organizzato; perciò essi provvedevano direttamente alla difesa dei loro beni, mercè di un corpo più o meno numeroso di guardie private, chiamate *campieri*, più o meno generosamente retribuiti.

Il *campiere* deve – e dico *deve*, perchè il *campiere* sussiste ancora, benchè attenuato – rendere sicuri i beni del suo padrone contro il ladro, comunque, e con qualunque mezzo. Esso deve tener testa un po' al *compagno d'armi*.

---

[4] Le *Compagnie d'armi* rimontano alla Costituzione del 1812. Nel decreto di Ferdinando 3° emanato dal Vicario generale Francesco a 9 febbraio 1813 col quale si sanzionava la Costituzione nella parte intitolata: *Divisione della Sicilia in ventisette distretti* ci sono i dettagli della istituzione. Altre istruzioni vennero date col Real Decreto del 16 dicembre 1813. Vennero riformate con Decreto del 21 giugno 1833 e con altro del 4 Febbraio 1834; vennero sciolte il 14 ottobre 1837 e richiamate in vigore colla rivoluzione del 1848. Nicotera nel 1877 ne modificò l'indole e ne mutò il nome e le sciolse definitivamente quando fu ministro dell'interno nel primo ministero Di Rudinì.

Egli, perciò, se la deve intendere un po' coll'uno ed un po' coll'altro; e renderà servizi ora all'uno ora all'altro, secondo le circostanze, pur di essere *rispettato* e temuto da entrambi. Il *rispetto* di cui si gode, il timore che s'incute sta in ragione diretta del coraggio e della risolutezza mostrati in ogni occasione e specialmente nei più audaci reati contro le persone e contro le proprietà per l'astuzia e per l'avvedutezza.

Perciò da facinoroso, da malfattore sotto il governo borbonico si passava ai servizi del *signore*, del latifondista, del grande gabelloto, in attesa dell'altra promozione a *compagno d'armi* di cui si disse precedentemente. Nel reclutamento dei *campieri*, che sussistono ancora mentre sono scomparsi i *Compagni d'armi*, il generale Corsi diceva che «il signore purchè fossero uomini di stocco è costretto a chiudere un occhio e magari anche tutti e due nello sceglierli e prenderli della stessa pasta di cui si fanno i briganti» (*Sicilia* p.303).

Il Generale Corsi si riferiva all'anno 1894 in cui egli scriveva; si può immaginare quale fosse lo stato delle cose quarant'anni or sono sotto i Borboni.

Al latifondista, al grande *gabeloto* non interessava che la sicurezza dei propri beni, che il governo non poteva garentire; e siccome egli otteneva lo scopo tanto più facilmente quanto più temuto era il suo *campiere*; quindi egli non solo usava una sapiente selezione – a base di criminalità – nel momento dello arruolamento; ma una volta che lo aveva ai suoi servizi adoperava tutti i mezzi per assicurargli l'impunità, checchè egli facesse, qualunque reato egli commettesse. Era manutengolo di ladri e di briganti? Non importava: purchè i ladri e i briganti non foraggiassero nel *latifundium*, nel campo del gabelloto. Il campiere sfogava una passione di una donna; sfogava una vendetta ammazzando un antico nemico? Importava meno; anzi giovava: cresceva l'autorità dell'armigero, era più temuto, più rispettato lui... e il latifondo affidato alla sua custodia. e il feudatario, il gabelloto – il cosidetto *signore* – a delitto consumato lo ricoverava, lo nascondeva, spendeva, prometteva, corrompeva, minacciava, pregava, scongiurava le alte autorità politiche in favore del presunto delinquente, a tutti noto come autore del reato, ma che raramente veniva processato, e più di rado condannato!

Questo *signore* complice del *campiere*, in tutto il resto poteva essere – ed era spesso – un uomo onestissimo; e tale è ritenuto oggi il Principe Mirto, ai cui stipendi stava il fontana, che venne processato per vari gravi reati e che è ritenuto essere l'assassino materiale del Commendatore Notarbartolo...

Ma il *signore*, sotto i Borboni e i Sabaudi, a chi in nome della legge e della moralità gli muove rimprovero della protezione accordata e dei servizi accettati dal *campiere* malfattore crede in buona coscienza di potere trionfalmente indirizzare questa domanda, a cui sa che non si può dare risposta: *e se caccio via il campiere delinquente chi mi garantisce la sicurezza delle mie proprietà?*

La forza di questa domanda venne riconosciuta anche dal Generale Corsi.

Quale fosse la condotta del *campiere* verso il lavoratore si può immaginare; di ordinario era semplicemente scellerata.

Egli armato di fucile e di pistole, guardava il contadino dall'alto in basso; lo tormentava e lo angariava come nei peggiori tempi del feudalesimo; le angherie e i tormenti che infliggeva il *campiere* erano assai più crudeli di quelli che potevano venire indirettamente dal *signore* perchè il primo era rozzo, analfabeta, abituato al delitto.

Se il *Signore* era di animo malvagio e prepotente il *campiere* non serviva soltanto nella campagna ed a difesa della proprietà; ma diveniva il *bravo* dei *Promessi Sposi*, il sicario scellerato, lo strumento di ogni nequizia...

E i piccolo proprietari? Essi in generale non potevano mantenere e pagare i *campieri*; erano dunque le vittime dei *campieri*, dei *compagni d'armi* e dei ladri. Il meglio che potevano fare era d'intendersela cogli ultimi, e di un certo *rispetto* potevano godere rendendo a loro servizi di ogni genere occultandoli, servendoli in ogni guisa, pagando a loro un tributo proporzionato ai loro beni.

C'era un altro modo di procurarselo il rispetto: procurarselo a difesa dei propri beni ed anche, volendo, per assicurarsi altri lucri; il mezzo era quello di acquistarsi fama di *mafioso* col coraggio, colla solidarietà col delinquente, col rifiuto sistematico di cooperare colla polizia e colla magistratura nelle indagini sui reati.

E il coraggio era più apprezzato in basso se era stato spiegato più che contro i privati e i singoli cittadini, contro i *campieri* e contro i *compagni d'armi*.

La fama di *mafioso* acquistata in quest'alterno modo era la più legittima e la più ammirata da tutti; e così talora il *mafioso* anche pei reati commessi trovava simpatia tra persone oneste, perchè quei reati erano stati consumati a danno di altri peggiori malfattori impuniti perchè protetti dai potenti.

Tutta la soma di questa organizzazione incivile, criminosa pesava sul popolo lavoratore; i cui elementi più arditi spesso dalla prepotenza altrui erano spinti fatalmente alla ribellione ed alimentavano nelle folle l'odio ardente contro le classi superiori.

Questo odio inestinguibile e giustificabile generò le insurrezioni agrarie ogni volta che si presentò favorevole l'occasione; perciò in tutti i moti poli-

tici appena allentavasi il freno delle autorità ed il popolo aveva la forza con
sè, credeva di esercitare un diritto abbandonandosi a feroci vendette.

Così avvennero i massacri dei *signori*, dei *galantuomini* nel 1820, 1837,
1848, 1860 a simiglianza dei moti della *Jacquerie*, dell'*Anabattismo* e di quelli più recenti dei contadini in Gallizia.

Ma la ribellione collettiva non era sempre possibile; lo era quella individuale, la cui trama è criminosa.

L'organizzazione politico-economico-sociale dà ragione, quindi del prevalere in Sicilia della delinquenza sanguinaria e maggiormente dove il regime feudale rimase immutato anche nelle apparenze; spiega pure la prevalenza, – si potrebbe dire la esclusività – dei contadini e dei pastori tra i briganti. E questi ultimi raramente taglieggiavano i piccolo proprietari e i lavoratori; spesso li aiutarono con denaro e ne fecero le vendette. Ciò che li fece guardare con simpatia in basso, dove venivano considerati ed ammirati come giustizieri, e permise che tenessero la campagna per lungo tempo – favoriti anche dalla mancanza di strade e dalle condizioni demografiche – non ostante le taglie e la caccia, che in certi momenti davano loro le autorità politiche a militari.

Il pullulare dello spirito della *mafia* in un siffatto ambiente era il fenomeno più naturale di questo mondo; sarebbe stato strano che non fosse sorto un tale spirito qualunque ne avesse potuto essere la denominazione.

Le stesse cause dettero dovunque gli stessi effetti; perciò dovunque ci fu malgoverno sistematico ed oppressione sociale vediamo sorgere associazioni segrete più o meno analoghe alla *Mafia* talora più vaste e con impronta più spiccata politico-sociale; ma sempre impeciate di criminalità. Così sorsero la *Sainte Veheme* e la *Iacquerie*. Così in Piemonte e in Lombardia sotto il malgoverno degli Spagnoli – esiziale in Sicilia perchè più a lungo durato e non sostituito da altro meno cattivo. Dello spirito che animò i *compagni d'arme*, i *campieri* e i *mafiosi* ce n'era un poco anche nel mite Renzo Tramaglino come ha osservato Gaetano Mosca. Così a Napoli sorge e dura ancora la *Camorra*; e negli Abruzzi, quando non esisteva più il brigantaggio avvennero incendi numerosi ed uccisioni di bovi nel 1877 in odio a ricchi proprietari spesso usurpatori di terreni comunali; e in un comune di Basilicata i contadini si confederarono in setta di mutuo soccorso per false testimonianze, sempre benevoli al proprio ceto in caso di liti coi possidenti, per offese private o per questioni demaniali (*Turiello*); nelle Romagne sotto i Pontefici ci furono le *squadracce* e alle porte di Roma sino a pochi anni or sono potè regnare il brigante Tiburzi; nel mezzogiorno continentale per secoli potè fiorire i brigantaggio – le cui cause politiche e sociali furono messe in evidenza nel Parlamento italiano – dal 1861 al 1866; in Irlanda germogliarono i *fanciulli bianchi*, il *ribbonismo*, i *molly maguir*, i *feniani* e tutti i delitti agrari che la caratterizzarono sino a poco tempo fa. La fenomenologia identica si ripete sotto tutti i climi e con tutte le razze dovunque agiscono le stesse cause.[5]

La *Mafia* in Sicilia sotto i Borboni divenne l'unico mezzo per gli umili, pei poveri, pei lavoratori per essere temuti e rispettati, per ottenere la forma di giustizia ch'era compatibile in quelle condizioni e che non era possibile ottenere nelle forme legali. E alla *Mafia* si dettero tutti i ribelli, tutti gli offesi, tutte le vittime: sia attivamente, sia passivamente occultando le gesta criminose e proteggendone, comunque, gli autori, creandole un ambiente favorevole.

Sicchè la qualifica di *mafioso* nel passato non venne ritenuta offensiva; e *mafioso* nelle buone famiglie chiamavasi scherzevolmente qualunque ragaz-

---

[5] Alfredo Oriani, uno scrittore che al paradosso brillante tutto sacrifica, ha pubblicato un villano ed imprudente articolo, il cui solo titolo — Le voci della fogna — è un insulto sanguinoso contro la Sicilia. Con Dumas chiama l'isola un paradiso abitato da demoni, tratta tutti gli abitanti da delinquenti e afferma che la Sicilia si rivela come un cancro al piede d'Italia, come una provincia nella quale nè costume, nè leggi civili sono possibili. È evidente che egli desidera il taglio di questo membro cancrenato e viva sicuro che i siciliani non ne sarebbero malcontenti perchè i siciliani sono stanchi di essere inciviliti dai Govone, dai Serpi, dai Pinna, dai Medini, dai Bardessono... Nella fogna hanno diguazzato allegramente e vi hanno portato un lurido e pestilenziale materiale i Ballabio, i Venturi, i Venturini, i Codronchi, i Sacchi, i Cellario, i Mirri... nati e cresciuti tutti al di là del Tronto. Nella fogna ha voluto diguazzare un poco la magistratura di Milano; un po' di fogna si scopre coi processi Cavallini e Luraghi, colla Regìa dei Tabacchi, colle Ferrovie meridionali, colla Banca Romana e in Italia, come ha osservato Scipio Sighele un po' di mafia c'è in ogni luogo (I Tribunali, 17 dicembre 1899). Avrei lasciato passare inosservate le calunnie e le insolenze dell'Oriani se non fossero state pubblicate in un giornale autorevole e diffuso qual'è il Giorno. Mi piace avvertire, però, che il suo direttore Luigi Lodi e nel Giorno stesso e nel Don Chisciotte prima, verso la Sicilia e il mezzogiorno tenne sempre un contegno equanime non solo, ma anche affettuoso. All'Oriani, infine, vorrei che ci fu un tempo in cui il cancro da curare col ferro e col fuoco gli uomini del suo stampo — i giornalisti brillanti — lo additarono nella... sua Romagna; e il Conte Codronchi nel Senato (seduta del 3 Febbraio 1900) ricordò che in Romagna al tempo dell'occupazione austriaca, con un esercito di forse trentamila uomini disseminati in poche province, vi furono malandrini celebri, che terrorizzarono pochi Comuni per molti anni, ricoverati e protetti da signori e da preti. E non fu mafia della peggiore specie che spinse i contadini di Villa Filetto a pugnalare i carabinieri? Chi scrive si onora di ricordare di aver fatto il proprio dovere nell'assumere la difesa di una regione generosa e calunniata e all'Oriani si sente nel diritto e nel dovere di rammentargli questo episodio. Circa venti anni or sono il vecchio Fanfulla si sbizzarriva a calunniare la Romagna, che descriveva come un covo di malfattori; ne sorse una polemica col Dovere ed indi una sfida.

Edoardo Pantano vinse le insistenze dei compagni di redazione, tra i quali era Antonio Fratti, e volle accordato l'onore di battersi coll'Avanzini, perchè essendo siciliano voleva anche in questa guisa fare atto di solidarietà fraterna. Non dimenticò l'atto che la fiera Romagna e Ravenna nel 1886 eleggeva pantano a proprio rappresentante in Parlamento. Il romagnolo Oriano ha risposto scrivendo Le voci della fogna!

zo coraggioso, ardito, indipendente.

Su questo fondo di giustizia sociale che servì a creare lo spirito della *Mafia* e dette corpo alle sue manifestazioni s'intende che s'innestarono tutte le tendenze perverse, tutte le passioni losche, tutte le cause e gl'incidenti della delinquenza volgare. Ma nello insieme essa nacque e fu mantenuta dalla generale diffidenza contro il governo; dalla sua impotenza e dal malvolere nel rendere giustizia, dalla coscienza profonda che l'esperienza aveva dato agli uomini che la giustizia bisognava *farsela da sè* e non sperarla dai poteri pubblici.[6]

Ecco il criterio e la base medioevale giustamente segnalata dal Franchetti nella sua definizione.

La *Mafia*, in fine, rese i più grandi servizi alla causa della rivoluzione contro i Borboni; e in questo addentellato politico sta una delle cause del rispetto e della devozione della medesima verso l'aristocrazia, che in massa era avversa ai Borboni, come notò Alessandro Tasca. I più noti *mafiosi* furono di più valorosi combattenti nelle cosidette *squadre* nel 1848; gli stessi *Mafiosi* si batterono prodemente nel 1860 tra i *picciotti* di Garibaldi alle porte di Palermo e dentro Palermo.

Quando trionfa la leggendaria spedizione dei Mille di Marsala, nel momento in cui una nuova vita doveva cominciare per la Sicilia, la *mafia*, specialmente nella provincia di Palermo, si trovò circondata dall'aureola del patriottismo e col battesimo del sangue versato in difesa della libertà.

I Borboni crearono la *mafia*; vediamo ciò che hanno saputo fare i Sabaudi per distrurla.[7]

---

[6] Si conosce quale importanza ha il folklorismo per ispiegare la psicologia popolare. L'Alongi fece bene nel suo libro sulla Mafia e riportare alcuni proverbi popolari della Sicilia tra i quali caratteristici i seguenti: a cu ti leva lu pani levaci la vita (Uccidi chi ti priva dei mezzi di sussistenza); la furca è pri lu puviru, la giustizia pri lu fissa (La forca è fatto pel povero; la giustizia pei minchioni); Cu avi dinari e amicizia teni ncula la giustizia (chi ha denari ed amicizie tiene in culo — può disprezzare — la giustizia).

[7] I grandi e medi proprietari di Sicilia rimpiangono spesso il grado massimo di sicurezza che si era ottenuto poco prima del 1860 sotto la ferrea dittatura di Maniscalco. Essi hanno torto: dimenticano ch'è facile con una polizia come l'aveva organizzata il Maniscalco e soprattutto coll'assoluta mancanza di controllo sui mezzi che adoperava, di ottenere il risultato da loro ammirato.
Maniscalco sopprimeva la vita; e con essa naturalmente, anche, le sue manifestazioni criminose. Le cause intime della criminalità — politiche, economiche, intellettuali e sociali — rimanevano immutate; perciò, appena tolta la cappa di piombo, che sopprimeva ogni manifestazione, quelle cause agirono energicamente. D'onde in Sicilia il peggioramento della delinquenza verificatosi dopo il 1860: le cause latenti della medesima non essendo state eliminate col nuovo governo, si giovarono della mezza libertà per determinarne l'esplosione.

V

In Sicilia, alla vigilia della rivoluzione del 1860 che doveva farla passare dal dominio dei Borboni sotto quello dei Sabaudi, che avevano mangiato quasi tutto lo storico *carciofo*, i pochi che si occupavano di politica speravano la libertà; la massa aveva sete ardente di giustizia ed era inteso, se non nettamente formulato, il bisogno di una trasformazione economico-sociale.

Venne la libertà; ma misurata, omeopatica, soggetta a sospensioni e ad eccezioni che non potevano renderla benefica; la giustizia si fa ancora attendere e la trasformazione economico-sociale s'iniziò senza alcun merito di coloro, che dovevano esserne i promotori, se non i fattori esclusivi; procedette lenta, incerta, saltuaria. Lo Stato nuovo che doveva essere essenzialmente riparatore facendosi strumento ed organo della giustizia mancò completamente alla sua missione e non potè in guisa alcuna acquistarsi la fiducia delle collettività e distrurre o purificare l'ambiente, che aveva creato e manteneva lo spirito della *Mafia*.

Guardando all'insieme delle condizioni della Sicilia nel 1894 e sopratutto tenendo conto della mancanza di proporzioni tra gli sforzi e i sacrifizi fatti e i risultati ottenuti; della evoluzione che aveva creato nuovi bisogni ed acuito gli antichi; e paragonandolo con quello precedente alla rivoluzione, nel libro sugli avvenimenti del 1892-93 scrissi un capitolo dal titolo significativo: *Nulla è mutato!*

Certamente l'asserzione sembrerà audace; ed essa sarebbe contraria al vero se fosse presa alla lettera. I rapporti e gli scambi aumentati colle parti più progredite dell'Italia continentale e coll'estero; le molte scuole aperte, per quanto ancora insufficienti; i telegrafi, le ferrovie, le strade e sopratutto i giornali e i libri hanno esercitato la loro azione: hanno destato molte coscienze; e dove le circostanze e l'opera di alcuni uomini l'hanno consentito, un sensibile miglioramento è avvenuto.

Questo miglioramento economico-sociale sarebbe stato di gran lunga maggiore, se il censimento dei Beni dell'Asse Ecclesiastico – considerevolissimo in Sicilia perchè dalla cacciata dei Saraceni in poi le corporazioni religiose, ininterrottamente, avevano accumulato circa un Miliardo di proprietà fondiaria che non subì mai alcuna confisca – fosse stato fatto, come voleva Garibaldi nel 1860, con criteri sociali e non si fosse ridotto ad una spoliazione della Sicilia a beneficio del Fisco rapace.

Là dove bisognava dividere il latifondo dando la terra ai contadini – e il fatto spesso non sarebbe stato che una doverosa restituzione – lo si lasciò accaparrare da una borghesia avida, che aveva tutte le brame del capitalismo senza possederne i mezzi e la larghezza delle vedute; e da una aristocrazia, che nei vizi e nell'ozio aveva sciupato le antiche proprietà e che cercò rimpannucciarsi acquistando i beni dei Frati e delle Monache e diventando con ciò liberale per forza d'interessi: com'era avvenuto in Francia coi Beni nazionali. Ma il latifondo che avrebbe potuto ricevere un colpo formidabile col censimento dell'Asse ecclesiastico non fu distrutto; non fu che sostituito o arrotondato.

Constatato ciò che di buono potè avvenire in Sicilia col nuovo ordine di cose sorto dalla rivoluzione del 1860 si deve con dolore e con vergogna confessare che lo spirito generale, che alimenta la *mafia* e che ha la sua base, come si è visto, nella condotta delle classi dirigenti e nell'azione del governo – e si capisce, che tra i due fattori c'è intima connessione – rimase immutato. Si può aggiungere che lo Stato perdette in reputazione; non ebbe più la sincera e incondizionata adesione e cooperazione del clero, della aristocrazia, della burocrazia.

Quest'ultima circostanza è gravissima ed ha bisogno di essere documentata.

Quanto abbia perduto lo Stato nella stima dei Siciliani si può argomentarlo facilmente dalla misura della perdita nel resto d'Italia, dove la sua azione è stata meno nefasta che nell'isola. Orbene tale misura viene dai giudizi emessi da tre uomini autorevolissimi, tutti e tre ex-ministri del Re, e devotissimi alla Dinastia Sabauda.

Eccoli quà, quali si leggono nella *Nuova Antologia* del 15 novembre 1899.

Ascoltiamo prima quello di un morto di altissimo intelletto che fu precettore della Regina Margherita, Ruggero Bonghi: « Non si vede se gl'Italiani abbiano oggi minor fiducia nelle istituzioni che li reggono o negli uomini, che li governano. Le prime sono assai più difficili a mutare che i secondi; e la sfiducia, verso le prime è più lunga e lenta a sanare, che non quella verso i secondi ».

Poi sentiamo lo stesso direttore della Nuova Antologia, uomo assai colto ed equilibrato, che fu ministro con Francesco Crispi, il deputato Maggiorino Ferraris: « L'Italia attraversa un momento difficile nella sua vita di nazione. Una lunga depressione economica, le sofferenze dell'agricoltura, il disordine della finanza e della circolazione, la crisi edilizia, gli insuccessi della politica costituzionale, i disordine del Maggio 98, la sterilità di Governi e Parlamenti hanno creato uno stato di profonda insoddisfazione nel paese. Malgrado i primi e lieti auspizi di un risveglio economico, *il malcontento cresce, si estende, si organizza. Questa organizzazione del malcontento* è il fenomeno più grave, più pericoloso dell'ora presente. Esso attacca lo Stato, *minaccia i poteri costituiti*, insidia le libere istituzioni, che sono la gloria e la fortuna della patria... »

Ed ecco in ultimo la parola prudente dello Storico illustre di Macchiavelli e di Savonarola, che fu ministro coll'on. Di Rudini, del Senatore Pasquale Villari: « Se voi percorrete l'Italia da un estremo all'altro, vedrete regioni, uomini, società diversissime: sentirete su tutto e su tutti i più opposti e contraddittori giudizi. V'è però una cosa sola in cui la concordia è perfetta, il giudizio unanime: *nel dire male del nostro governo*. Il fatto è notevole assai. Certo anche dei governi dell'Austria, dei Borboni, del Papa, dei Duchi si diceva gran male; ma i borbonici almeno, i papalini, gli austriacanti, i duchisti, ne dicevano bene, li difendevano bene. DEL NOSTRO INVECE DICONO MALE QUELLI STESSI CHE LO HANNO FONDATO, CHE NE FANNO PARTE E NE CAVANO VANTAGGIO... »

Un governo ed uno Stato esautorati potevano acquistare la fiducia di una regione, che nello Stato e nel governo da venti secoli non vedeva che nemici?

Potevano restaurare il regno della giustizia uno Stato ed un governo di cui dicono male coloro che lo hanno fondato, ne fanno parte e ne cavano vantaggio?

Tale governo e tale Stato potevano debellare lo spirito malefico della Mafia? È semplicemente ridicolo il supporlo.

Ma il governo e lo Stato che nel continente in quarant'anni di colpe e di errori d'indole generale han saputo creare nel resto del Regno una condizione di vera ostilità contro di loro, si resero impotenti e disadatti all'altra loro funzione restauratrice della giustizia con colpe ed errori speciali commessi in Sicilia, dove più urgente e necessaria era l'opera loro.

Il primo errore e la prima colpa furono quelli di essersi appoggiati sulle antiche classi dirigenti e sulle nuove rappresentate da una borghesi che non aveva le benemerenze intellettuali e politiche di quella francese e ch'era impastata di affarismo e di intraprendenza disonesta.

Cosa siano intellettualmente e politicamente queste classi dirigenti sicilia-

ne lo disse nel 1893 l'on. Marchese di San Giuliano – oggi ministro coll'on. Pelloux – che, dopo averne descritto l'incertezza e l'ignoranza concluse con queste caratteristiche parole:
« Queste classi diconsi sovente come... *lucus a non lucendo*! »[1]

Un altro uomo eminente, e che fu Prefetto di Palermo, il senatore Zini, dell'aristocrazia scrisse: « la Baronia Siciliana *superba ed ignava fu non ultima cagione del pervertimento morale* onde volentieri si getta il carico sul mal governo dei Borboni ».[2] Dei nuovi strati, della Borghesia, alla sua volta l'on. Sonnino, ch'è un borghese grasso dette questo schizzo sintetico: « non numerosa e in Sicilia, come dapertutto, avida di guadagno e imitatrice della classe aristocratica soltanto nelle sue stolte vanità e nella sua smania di prepotenza ».

Il feudo, il latifondo fu il campo di azione dell'aristocrazia; i comuni, le provincie, le camere di commercio e le Banche furono riserbate alla borghesia. Ne fecero tale malgoverno, colla insipienza accoppiata alla disonestà elevate alla massima potenza, che non sarebbe affatto credibile se non fosse stato documentato sino alla sazietà nelle discussioni parlamentari, nelle relazioni ed altri innumerevoli documenti ufficiali.[3] Sotto l'aspetto amministrativo la mezza libertà dei cittadini e la mezza autonomia degli enti locali sotto i Sabaudi segnarono un vero peggioramento sulle precedenti condizioni sotto i Borboni.[4] Municipi e provincie servirono a gravare enormemente le imposte, a ripartirle per fini individuali, senza unità collettiva, a scopo di nepotismo e di favoritismo, per preparare candidature politiche.

Queste classi dirigenti – rappresentate dall'aristocrazia e dalla borghesia – colla loro assenza di scrupoli e colla loro fenomenale ignoranza si può immaginare quale condotta tenevano verso i lavoratori, verso le classi inferiori. Lo

---

[1] *Le condizioni presenti della Sicilia*. Milano, Fratelli Treves 1893.

[2] *Dei criteri e dei modi di governo nel regno d'Italia*, Bologna 1876.

[3] Quando il malefizio non aveva assunto le proporzioni contemporanee, del malgoverno dei corpi locali mi occupai, per stigmatizzarlo, nel volume *Le istituzioni municipali* (Catania 1883). In *Banche e Parlamento* (Milano 1883) toccai l'altro lato.

[4] L'Alongi nel 1893 scrisse « che il 90% dei Comuni in Sicilia era amministrato con criteri e forme tali *che fanno desiderare il tipo dell'antico governo paterno* perchè allora si aveva almeno il diritto d'inchiodare sulla gogna i tirannelli locali, il conforto e la speranza di un avvenire migliore e, di tanto in tanto l'intervento violento, ma pure sempre riparatore, del governo centrale ». L'Alongi conosce i municipi dove fu spesso Regio Commissario. Molti dettagli ho riprodotto negli *Avvenimenti di Sicilia*.

sappiamo già, dalle parole del Sonnino e dell'Alongi, che furono riferite per dare un'idea dei rapporti sociali sotto i Borboni, ma che era state scritte per descrivere le condizioni presenti. Ciò che aggiunsero il Generale Corsi, Monsignore Carini, siciliano e Bibliotecario del Vaticano – in una lettera a me diretta e in un opuscolo – e parecchi altri aristocratici e borghesi illuminati e onesti, riesce a dare un quadro dalle tinte fantastiche e cupe che ha il pregio triste di corrispondere scrupolosamente colla realtà.

Questa triste realtà condusse ai moti dei *Fasci* nel 1894-94 ed alle loro sanguinose repressioni nelle quali cento contadini furono massacrati, parecchie migliaia feriti ed altre migliaia condannati alla galera dai Tribunali Militari.

Occupandosi per lo appunto di quei moti dei *Fasci* – a torto giudicati come un prodotto della propaganda Socialista – il senatore Malato Fardella procuratore Generale presso la Cassazione di Palermo dall'altissimo suo seggio disse: « In questo nostro paese, eminentemente agricolo, la classe dei contadini in particolare, difetta dei mezzi più necessari alla vita; è la classe più bistrattata, la meno compassionata, la più misera, la più ignorata e la più degna quindi di speciale considerazione da parte degli uomini di cuore! »

E il comm. Sighele, Procuratore generale presso la Corte di Palermo, della stessa Palermo inaugurando l'anno giuridico 1894 riferendosi agli stessi avvenimenti constatava:

1.° Che le condizioni dell'oggi non sono la conseguenza di fenomeni del tutto recenti; ma hanno la loro origine in un complesso di fatti e di tradizioni e di avvenimenti, che rimontano ad epoche non vicine.

2.° Che sono ormai diciotto anni che un'inchiesta parlamentare constatò inutilmente lo stato vero dei contadini in Sicilia.

3.° Che il contadino Siciliano è perseverante, sobrio, laborioso, ma nello stesso tempo lo si è tenuto in uno stato di *semibarbarie*.

4.° Che il contadino siciliano anche dopo acquistata la libertà e la redenzioni rimase nella condizione di *servo* e di *oppresso* e la posizione sua verso il padrone è quella di *vassallo a feudatario*.

5.° Che gli enormi latifondi, l'accentramento di vastissimi terreni in mano di pochi e le oligarchie comunali che non sempre s'ispirano a giustizia, e soprattutto i contratti agricoli aggravano questo stato di cose.

6.° Che è opera altamente meritoria cercare *in tutti i modi* di mettere le classi agricole in condizione di RESISTERE ALLE PREPOTENZE DEI PADRONI.

Era un altissimo magistrato che consigliava di mettere *in tutti i modi* i contadini in condizione di *resistere alle prepotenze dei padroni*... Quale strana e terribile confessione!

Le condizioni dei lavoratori urbani erano assai migliori di quelle dei contadini; ma sempre anormali.

L'insieme era tale che al senatore Guarnieri nella riunione dei rappresentanti delle classi dirigenti – grandi proprietari, deputati, senatori, duchi, baroni, principi, cavalieri e commendatori – nella sala Ragona in Palermo nello stesso anno 1894 strappava quest'altra confessione: «I deplorabili moti dei *Fasci* – promossi da quali agitatori e da quali intenti l'Italia oggi non ignora – che sono scoppiati, non sarebbero avvenuti, o almeno non avrebbero tanto attecchito se in tutta l'Isola non regnasse il più profondo malcontento ed universale malessere *nato da lunghi anni di trista amministrazione*».

Questa sciagurata condizione di cose, creata in gran parte dalle *classi dirigenti*, e che condusse alla esplosione tumultuaria e sanguinosa dei *Fasci*, poteva restituire la fede nella giustizia? poteva distrurre lo spirito della *mafia*?

Non lo poteva. Solo l'azione dello stato avrebbe dovuto o potuto paralizzare l'azione delle classi dirigenti, restaurando l'ordine morale con mezzi economici e giuridici, politici e amministrativi di cui dispone.

Ciò che ha fatto lo Stato contro le cause generatrici della *mafia* lasciamolo dire ai fatti.

Parli la storia contemporanea.

VI

Filippo Cordova, mente eletta ed oratore eloquentissimo, ministro della monarchia Sabauda e dell'Italia, alla cui unione aveva efficacemente cooperato, poco dopo la rivoluzione del 1860, precisamente il 9 dicembre 1863 così riassumeva il compito del nuovo ordine di cose in Sicilia:

« Io credo che un governo, allorquando riceve un paese non dalla conquista, ma dalle mani della rivoluzione debba domandare a se stesso *per quali bisogni questa rivoluzione si è fatta*, che cosa voleva il popolo che si è sollevato e pensare in tutti i modi a soddisfare questi bisogni. Questo era il solo modo di ristabilire l'ordine, il solo modo di contentare completamente le popolazioni. l'azione di un governo può essere promotrice della prosperità futura dei popoli e riparatrice degli abusi che si sono introdotti per il passato; e considero azione riparatrice quella che consiste nel rimuovere i tristi effetti delle passate legislazioni, dei monopoli, dei privilegi, nel distruggere gli abusi che possono ancora esistervi ».

Il governo, l'ente continuativo che ha rappresentato l'Italia sotto la Dinastia Sabauda fallì completamente allo scopo in Sicilia e in tutto il mezzogiorno. Il compito era relativamente facile: infondere in tutti la convinzione che in un libero regime l'impero della legge non pativa eccezioni e che la giustizia uguale per tutti era una realtà. Era il solo modo di distrurre la *mafia*, eliminandone la ragione di essere.

Il governo italiano venne meno a questo suo alto compito e sin dai suoi primi atti pare che si abbia assunto in Sicilia quello di distruggere tutte le illusioni sorte nell'animo dei liberi e dei cittadini alieni dalla politica, ma che amavano il quieto vivere, la sicurezza e il retto funzionamento delle leggi.

Coloro che dovevano essere i restauratori della legge, i promulgatori di libertà, gli educatori nell'alto senso della parola cominciarono coll'alienarsi la simpatia e la fiducia – basi alla necessaria cooperazione delle popolazioni col governo perchè si facesse opera proficua – delle masse che si videro trattate con disprezzo come appartenenti a razza inferiore e *conquistata*. Il pensiero che era nell'animo della grande maggioranza dei funzionari inetti e disonesti – il rifiuto dell'antico regno di Sardegna, la schiuma dei *parvenus* e degli imbroglioni, che si gabellarono per *patrioti* per acchiappare un posto[1] – che piovvero in Sicilia fu formulato esplicitamente con soldatesca brutalità dal generale Govone che l'isola solennemente proclamò *barbara*.

La Sicilia venerava Garibaldi; ora dopo due anni che lo aveva accolto come liberatore gli vede data la caccia come a brigante nelle sue terre e lo sa ferito gravemente e trattato come un volgare ribelle ad Aspromonte; la Sicilia credeva che i sentimenti disinteressati di patriottismo e l'aspirazione a *Roma capitale* costituissero un titolo di onore, ma vede fucilati a Fantina nel 1862 come disertori e malfattori dal colonnello De Villata sette garibaldini, e vede rimosso dall'ufficio il magistrato, che voleva punire il soldato fucilatore. Questi primi atti cagionarono una tremenda disillusione politica.

La Sicilia da secoli non era stata sottoposta alla coscrizione militare obbligatoria; e l'odiava. Quando fu fatta la prima leva sotto i Sabaudi, perciò, molti coscritti non risposero all'appello. Il governo con ferocia senza pari da loro la caccia come a belve e ad *incivilire i barbari* manda ufficiali che assassinano i cittadini soffocandoli col fumo, come i francesi avevano incivilito i barbari della Kabilia, e rimettono in onore la tortura per fare parlare i sordomuti, assaltano di notte le città a suono di tromba, le cingono di assedio e le privano dell'acqua! C'era un uomo adorato nelle campagne e nella città di Palermo, che aveva qualche cosa del *Mafioso*, ma che era nobile e generoso e si era battuto sempre eroicamente per la libertà ed era diletto da Garibaldi; quell'uomo, il Generale Corrao, giurò che non avrebbe lasciato rimettere lo stato di assedio in Sicilia, *che non aveva fatto diverse rivoluzioni* – diceva lui – *per cambiare di tirannide*. Corrao venne misteriosamente assassinato e per provare che cominciava sul serio il regno della giustizia non venne nemmeno istruito un processo. Il popolo si convinse, forse a torto, che lo aveva fatto assassinare il governo![2]

Tali voci, che dovevano esautorare qualunque governo, erano accreditate tra le classi civili e tra coloro che nutrivano sentimenti patriottici ed unitari

---

[1] In Sicilia e in Sardegna si mandano tuttora i funzionari in punizione dei loro errori e delle loro colpe. Si può immaginare perciò quale prestigio vi godano!

[2] L'on. Pantano, che fu intimo di Corrao e che prese parte attiva e preponderante, come Presidente dell'associazione universitaria di Palermo, mi ha narrato le circostanze, che accreditarono la voce diffusasi, che Corrao fosse stato assassinato dai Carabinieri.

Nel regno della Mafia

dal contegno dei più alti rappresentanti dello stesso governo italiano.
I fatti che si possono raccogliere nella cronaca dei giornali dell'epoca sono innumerevoli; qui voglio ricordarne solamente due.
Espongo il primo tale e quale si legge nel Supplemento al giornale di Palermo l'*Unità Politica* (27 settembre 1863) e vi lascio anche il titolo:

Un fatto incredibile nel 1863

« I nostri lettori ricorderanno che nel nostro "Palermo" del giorno 23, accennammo ad un fatto di cui promettemmo di pubblicare i particolari non appena saremmo stati in gradi di averne sufficiente guarentigia. Oggi adempiamo alla promessa, rendendo di pubblica ragione i fatti quali li abbiamo attinti, senza aggiungervi alcun commento, essendo per loro natura talmente gravi che vi è bisogno di attenuarli per crederli possibili.
Nei primi mesi del 1861 furono arrestati dalla Guardia Nazionale taluni della famiglia Palazzolo Pecorella da Favarotta. Si seppe che per violenza contro la forza costituita furono ammazzati in carcere. Si addebitò questo eccesso alla famiglia Bommarito, per modo che, mentre correva una istruzione penale del fatto, cadevano uccisi due della famiglia accusata, la quale, alla sua volta emise querela contro la famiglia Palazzolo, cui si aggiudicò il reato della uccisione dei suoi. Di questi due processi finiva il primo colla dichiarata innocenza del Bommarito, durava il secondo nella sua più attiva istruzione. Esaurito il processo contro i Bommarito, un altro ne veniva iniziato contro il comandante della Guardia nazionale Vito Di Stefano, per lo areso arbitrario dei Palazzolo uccisi in carcere e fu, a questo, addentellato il processo Bommarito rinato per la esibizione di fogli di lume da parte dei Palazzolo Pecorella, i quali aveano intanto acquistato intime relazioni col Serpi Generale dei Carabinieri. Procedevano queste due istruzioni, quando il Serpi, a gratificare i suoi novelli amici, si propone di fare eseguire un matrimonio tra il nominato Pietro Palazzolo figlio del sindaco di Favarotta ed una giovanetta tredicenne figlia di Vito Bommarito che rappresentavano le due parti inquisite; e, a far ciò, si avvalse del sig. Ignazio Citati, Capitano d'arme e del sig. Giuseppe Sanfilippo, Consigliere di Prefettura, i quali ne proponevano il partito al Vito Bommarito che trovavasi in carcere, promettendo da parte del Generale di fare estinguere i processi che duravano avverso le due famiglie rivali.
A questa insinuazione, il Bommarito rispose, ed era nel settembre 1862, che non aveva alcuna figlia da maritar, perché ancora troppo giovane la sua Annetta di anni 13. Ma a questa risposta non appagati i commissionari e

forse sospinti dallo stesso Serpi, si portarono in Favarotta a conoscere la ragazza ed a replicare le richieste presso la madre, la quale li respingeva al marito, non sapendo nè potendo risolversi ad aderire. E ritornarono di fatto alle insistenze verso il padre, cui asserivano che parenti ed amici vedevano in bene la proposta del Serpi, e che mancava solo il di lui assentimento per sedare una rivalità troppo durata e per ritornare la pace al paese e alla di lui famiglia. A questo il Bommarito, accorto che poteva difficilmente lottare colla prepotenza governativa, ripiegava dal suo diniego a patto che la ragazza entrasse subito in monastero per educarsi ed avanzare in età di altri due anni, appresso il qual tempo egli avrebbe fatto effettuare il matrimonio voluto. Riferita questa risposta al mandante sig. Serpi, furono la dimani di ritorno al carcere di San Filippo col patrocinatore signor Camillo Orlando e colla madre della ragazza per chiedere al Bommarito di quanto volesse dotare la figlia e, quando ebbero saputo che questo le avrebbe assegnate solo onze 500, e furono da parte del Serpi rimandati a chiedere di più, dopo insistenze e minacce, che tendevano a vincolare sempre meglio il Bommarito alla data promessa, ottennero altre onze 100 delle quali si prometteva la madre.

A questo fatto tennero dietro due requisitorie del Butta che dichiaravano non esser luogo a procedimento penale nè contro i Bommarito nè contro i Palazzolo. Dietro a che il Vito fu sciolto dalla sua detenzione per mandato che il sig. Amodini emise tre giorni dopo le risoluzioni del Regio procuratore.

A questo punto cominciò il Palazzolo a frequentare in Favarotta la casa del Bommarito, ove, invece di amore nella ambita sposa, trovava segni apparenti di ripugnanza nella giovine tredicenne, cui il sangue dei propri parenti e gli attentati alla vita del padre non potevano destarle simpatia per la famiglia che rivaleggiò colla sua. E qui i genitori, dolenti della freddezza colla quale essa rispondeva alle tenerezze dello sposo, cercavano di abbonirne l'animo esasperato e, per amore alla pace della propria famiglia, la scongiuravano, e può intendersi con quanta mala voglia, a volere amare il Palazzolo; ma invano: la giovane non poteva sentire per lo impostole fidanzato, e respingeva gli assidui consigli che tendevano a renderle caro l'uomo che aborriva. In questo tempo i Bommarito e i Palazzolo contribuivano uniti a fare dei doni al signor Serpi, cui si spedivano per mano del promesso sposo che ne assumeva il mandato. Non istette molto ad avvedersi il Palazzolo della impossibilità di essere amato dalla Annetta Bommarito e, mossane lagnanza ai di lei parenti, corse a Palermo. Due giorni dopo la di lui parten-

za il Serpi scrisse al padre della giovane la seguente lettera:
"Per un affare importantissimo che riguarda direttamente lei e i suoi parenti, è necessario che, al ricevere la presente, si rechi in questa da me. Se ritardasse alti cinque giorni si potrebbero verificare delle cose disgustose – Palermo 6 agosto 1863". Ricevuta appena questa lettera, Vito Bommarito partì da Favarotta ed arrivò la dimani alla presenza del Serpi, ove ebbe presso a poco a sentire le seguenti parole:
"*Sapete voi che dovete a me la vostra libertà? Sapete che ho fatto io finire il processo? e che io sono responsabile in faccia al governo del matrimonio di vostra figlia? Voi avete impegnato con me una parola dalla quale non potrete rivenire, intanto voi e vostra moglie avete dissuaso vostra figlia a sposare*." E, dalle risposte del Bommarito che asseriva come spontanea la ripugnanza della sua figlia a sposare il Palazzolo e come egli e la madre non avessero risparmiato opera per indurvela, il Serpi rispondeva: "*Ma badate che può entrare nelle conseguenze di questo diniego che si ripiglino i processi per mia opera sospesi*". A queste minacce il povero padre rispondeva che avrebbe portato la ragazza alla presenza del generale per vedere se la di lui autorità avesse potuto indurvela ed il Serpi, accettando questo partito rispondeva: "Ebbene portatela presto in Palermo colla madre". E il Bommarito appena dopo otto giorni recava alla di lui presenza questa vittima sciagurata. E il Serpi, vedendola, cominciò dal vantare le bellezze del promesso sposo, dal magnificarne le qualità politiche e morali, dal prometterle protezione ed altro e poi che si ebbe convinto che il suo panegirico non lusingava la ragazza, mutò chiave e venne alle minacce. Mostrò perduta la famiglia da nuove inquisizioni e poterla salvare lei sola coll'assentimento al proposto matrimonio.

A questo la ragazza scoppiò in un pianto dirotto, ma non perciò si astenne dalle perseveranti parole che mostravano la sua decisa renitenza a sposare. "*È bello il Palazzolo, essa diceva, pel signor Generale; ma non per me: io non posso amarlo*". Ma di questo non commosso il Serpi, l'accomiatò dicendo ai genitori: "*Portatela altra volta domani alla mia presenza, dopo che essa avrà meglio pensato questa notte al partito da prendere*".

E la dimani il generale tornò all'opera e la giovane a maggiori torture, a pianto più dirotto da muovere il padre ad una escandescenza della quale ecco le parole: "*Ma Dio! per far finire un processo ci deve andare di mezzo questa vittima? Ma vuole il generale che io parta? Che io venda i miei beni? Che mi uccida?*" A queste parole il Serpi, rivolto alla madre, riprese: "*Non credevo di dovere essere burlato da una femminuccia, ma ve ne pentirete e se verrete per qualsiasi circostanza a picchiare la mia porta la troverete chiusa. Vi pentirete di *avere dissuasa la vostra figlia dal contrarre il matrimonio da me proposto"*. E qui di nuovo pianto della giovane e nuove escandescenza del padre, alle quali il Serpi diè termine accomiatandoli. E il Bommarito, per soddisfare le brame del generale, pose la figlia al Collegio di Maria della Maggione, ove è stata da circa un mese. Ma di ciò non pago il Serpi, dicesi, ma non garentiamo, presentò un foglio di lume al procuratore regio signor Sismonda perchè fosse ripristinato il processo contro i Bommarito, e veniamo assicurati che l'integro magistrato lo accolse con non lieve ripugnanza. A questo punto, mentre si esercitavano in tutta l'isola misure di forza a raccogliere renitenti di leva, arrivava il *giorno 21 da Capaci una colonna militare del 19° fanteria di linea a circondare il Comune di Favarotta*, ove non erano renitenti, perchè tutti presentati spontaneamente, e non erano indiziati di reati comuni che quattro dei quali era saputo che uno si trovava a Roma e tre altri latitanti in lontani paesi. Non appena arrivata la truppa, fu stretto d'assedio quel Comune ed arrestate Grazia Norello in Bommarito moglie di Vito, incinta di otto mesi e madre della ragazza; Laura Maniscalco madre di Vito Bommarito; Ninfa Madonia moglie di Rosario Bommarito figlio di Vito; Giuseppa Serra moglie di Luigi Bommarito fratello di Vito; Grazia Ventimiglia moglie di Gioacchino Ventimiglia amico di Bommarito; Salvatore Bommarito, fratello dei suddetti Vito e Ciro e Candido Comito testimone a favore di Bommarito nel processo espletato di cui è parola di sopra.

Dopo questi arresti il Colonnello fece chiamare in Capaci il giudice supplente di Favarotta Vito Di Stefano cui disse che egli, il Di Stefano, era la causa prima del non essere avvenuto il matrimonio della figlia del Bommarito e che però cooperasse a fare che non avesse più ritardo il compimento di queste nozze. Il giudice dimostrava come non avesse alcuna ragione di ostacolare queste relazioni delle quali potevano essere arbitri solo i genitori della giovane. Ciò inteso, il Colonnello si partiva per Favarotta ove, fatta scarcerare la Grazia, madre della ragazza e fattala venire alla di lui presenza, la spingeva a cooperare per dare una riparazione al Generale Serpi, cui si era fatta una burla, assentendo ad un matrimonio che non aveva ancora avuto effetto; e poichè la povera donna diceva di non avervi avuto alcuna influenza, nè di potervela avere, egli chiese del di lei marito al quale, perchè lontano dal Comune, mandò un salvacondotto.

E Vito Bommarito venne per tal modo alla presenza del Colonnello ove ebbe a sentire il seguente discorso il quale, ripetiamo, è incredibile; ma tanto vero da poterlo provare con testimoni: *"Io son qui venuto, ei diceva, espressamente per fare effettuare il matrimonio di vostra figlia con Pietro Palazzolo, ed ho disposizioni tremende per raggiungere lo scopo"*; ma poichè il padre ebbe risposto che nulla avea potuto sin allora per indurvi la figlia, che essa era in monastero a Palermo e che sarebbe stato lieto se qualcuno avesse potuto persuaderla, riunì subito una commissione composta del Giudice supplente, del Notaro Giovan Battista Catalfi, del Cancelliere Gaspare Madonia, di Ciro Bommarito, zio della ragazza ed Angela Brandaleone nonna della stessa, la quale fu spedita in Palermo con mandato espresso in queste parole: *"Andate a persuadere la giovane, e badate di tornare al più presto possibile con la di lui adesione; se no ho tante manette da ammanettare tre famiglie"*.

Così spaventata partì la commissione, e all'ora istessa venivano in Terrasini escarcerate le altre donne ch'erano in prigione.

Non appena arrivava in Palermo la commissione facevasi alla casa del signor Giuseppe Bruno Giordano cui la Bommarito era raccomandata, per ottenere una facilitazione a parlarle e la ottenne; ma poichè si voleva averla consegnata dall'Abbadessa del Monastero per trasferirla in Favarotta, e questa si negava per assistervi, per la ostinazione ed il pianto della giovane, la quale diceva preferire la morte al vedersi forzata a contrarre un matrimonio cui non avrebbe mai aderito, la Commissione cercò di ottenere dallo arcivescovo l'ordine di consegna; e, poichè questi non fu rinvenuto, per mezzo del dottor Pietro Cervello, essa fu presentata al Vicario di lui zio, il quale, alla presenza del canonico Polito, curatore del Collegio, ov'era la ragazza rinchiusa, del sacerdote Colombo, cappellano del detto monastero e di Giuseppe Bruno Giordano, intesa la pietosa ed orribile storia della violenza che si voleva usare sul paese e su di loro se non portavano la giovane alla presenza del Colonnello, aderì alla richiesta, delegando al Colombo di invitare l'Abbadessa a consegnare la Bommarito allo zio e alla nonna che era tra i componenti la commissione. E così fu fatto; la povera giovinetta per tal modo veniva strappata dalle braccia della superiora del Collegio in un'onda di lagrime e, quasi per forza, trasportata a Favarotta.

Il Colonnello la attendeva in Capaci, dove la ricevè alla presenza del delegato Selvaggio. Fu una scena straziante; la giovane, prostrata ai piedi di quell'ufficiale, ruppe in lagrime, scongiurandolo di non volerla così sacrificare ad un uomo ch'essa non potea amare, a volte sostare dallo inseverire contro i di lei parenti i quali non avevano che il dolore della sua ostinazione e il delitto di averla generata.

Queste parole commossero l'animo del militare il quale disse alla commissone di restituirla in famiglia, ingiungendo a non volerla più tormentare ed a volere lasciare al tempo l'ottenere in lei la convinzione dell'utilità di quel matrimonio. E la giovane fu portata in Favarotta da dove oggi è ritornata in monastero.

Questo fatto seppe in Palermo il Generale Govone e, lo diciamo ammirati, vi provvide subito e convenientemente.

Mandò una staffetta a Favarotta per domandare conto al colonnello della di lui condotta su quanto concerne l'ultimo periodo della storia sopraccennata; ordinandogli di non intromettersi per nulla in affari di matrimonio e di dichiarare alle famiglie degli arrestati questa sua volontà. Non sappiamo quale riscontro abbia avuto questa lettera; ma da parte del Govone fu, con essa, fatta un'azione legale e degna di militare di onore.

Omettiamo i nostri commenti a questa iliade di sventura che ha patito la povera famiglia Bommarito, essi sorgono spontanei al cuore di quanti dei nostri lettori hanno senso allo strazio della innocenza ed odio alla funesta libidine dei prepotenti ».

All'altro fatto si accennò in forma generale poco prima ed è il seguente: un disgraziato operaio, Antonio Cappello, era sordo-muto. Le autorità militari volendone fare assolutamente un soldato, ritennero che il sordo-mutismo fosse simulato e lo sottoposero alla tortura... per farlo parlare!

Ciò che soffrì il Cappello si rileva dalla iscrizione, che si legge dietro la fotografia del Cappello, che ad opera di un Comitato presieduto dall'avv. Antonio Morvillo venne fatta e venduta a decine di migliaia di copie a benefizio della vittima. La fotografia mostrava le piaghe fatte sul corpo del Cappello e l'iscrizione eloquente era questa:

Delle
CENTO CINQUANTAQUATTRO
Bruciatura di ferro rovente
volute dire
REVULSIVI SUPERFICIALI VOLANTI
da chi
nell'ospedale militare di Palermo
ne straziava
L'OPERAIO ANTONIO CAPPELLO
ostinandosi
a non crederlo sordo-muto
quando tale sin dalla nascita
a tutti era noto

> *duri eterno ricordo*
> *Questa fotografia dal naturale*
> *quattro mesi dopo ritratta*
> A TESTIMONIO
> *della pertinace immanità dell'atto*
> *della coscienza che ne mosse querela*
> *e perchè il mondo conosca*
> *chi nel 1863*
> *erano i* BARBARI *qui*

Palermo, 20 Gennaio 1864

Il caso del sordo-muto Cappello e l'atto del Generale Serpi sono semplicemente gl'indici della condotta dei settentrionali venuti ad *incivilire* la Sicilia!³

Perciò il Cordova, ex ministro del Re d'Italia, non esita nel citato discorso a denunziare – dopo aver ricacciato in gola al generale Govone l'insulto lanciato alla Sicilia – la *inciviltà dei militari* e stigmatizza fieramente un governo, « che crede di potersi reggere colla violenza cingendo di cordoni militari le città, privandole dell'acqua, vietando l'uso libero dei diritti dei cittadini ».⁴

E nella stessa seduta del 9 Dicembre 1893 il deputato Laporta deplorò la impunità dei reali carabinieri, che commettevano reati e nel ricordo della tortura inflitta ad un povero operaio e nel sospettato assassinio del Corrao deve trovarsi la ragione dell'odio che nei dintorni di Palermo divenne generale contro i Reali Carabinieri e che esplose selvaggiamente durante la insurrezione del 1866.

Dell'uguaglianza innanzi alla legge e della indipendenza della magistratura, poco dopo la caccia data ai renitenti, gl'italiani si formarono un concetto adeguato dell'appendice al processo dei *pugnalatori*. Furono arrestati e perquisiti per ordine delle autorità giudiziarie alcuni membri dell'alta aristocrazia; ma un ordine venuto da Torino fece sospendere la continuazione del processo! In Palermo l'autorità politica era rappresentata dal Conte di

---

³ Il generale Serpi *ristabilì l'ordine* in alcuni paesi della provincia di Palermo promovendo, incoraggiando la soppressione sommaria degli autori dei disordini!

⁴ Al Generale Govone Cordova rivolse questa osservazione sempre di attualità: « Ai rapporti dei militari in fatto di civiltà non saprei prestare gran fede; *l'idea di civiltà è una idea, direi così troppo civile per potere essere militare* ».

Monali; era Procuratore Generale il Conte di Castellamonte. Quest'ultimo sdegnato della indebita ingerenza del governo si dimise! Si cominciava bene...

Se l'azione del governo italiano fu tale da rinforzare anzichè distrurre – e lo affermò, lo dimostrò un autorevole Ministro della monarchia, il Cordova – lo spirito che generò la *Mafia*, la diffidenza sistematica contro i poteri pubblici; lo stesso governo italiano agì in guisa da favorire direttamente lo sviluppo della *Mafia*. Calunnio forse? No; riproduco ciò che l'on. Depretis riferiva nel citato discorso delli 11 Giugno 1875. Egli spigolò nell'*Inchiesta* del 1867 le seguenti parole: « Un altro personaggio dice: "La questura venne a transazioni colla mafia ed i suoi componenti". Così altre dichiarazioni nello stesso senso di cui faccio grazia alla Camera. E le stesse dichiarazioni nello stesso tempo e molto più chiaramente da parecchie onorevoli persone che furono smentite dalla Commissione. Ne leggerò alcune. Sentite questa: "Causa dei mali della Sicilia è il malgoverno dei Borboni, la polizia di Maniscalco, sistema demoralizzatore". E sapete che cosa era la polizia di Maniscalco? "Sotto Maniscalco i ladri di città erano guardie di pubblica sicurezza, i ladri di campagna compagni d'armi. *Dopo il 1860 le tradizioni di quel sistema perdurarono.*

Quanto alla mafia si è adottato un sistema disonesto e fallace; per arrestare un assassino si fecero commettere due assassinii ed anche tre". »

Tutto questo si legge a pagina 4109 degli *atti Parlamentari* (Sessione 1874-75); e tutto questo dimostra, che il SISTEMA, che venne poi terribilmente illustrato dall'on. Tajani, vigeva in Sicilia prima che egli assumesse la procura generale di Palermo.

La protesta fiera di Filippo Cordova dopo dodici anni trovò una eco in Parlamento nel succennato discorso pronunciato da Diego Tajani, che fu più tardi ministro di grazia e giustizia. Egli riassume l'opera del governo, dal 1860 al 1866, constatando che esso ora fu fiacco ora violento; che offese la Sicilia adoperando *i modi peggiori, negandole sempre giustizia* e dandole così poco che ciò, che le fu dato, se si guarda a ciò, che le fu negato assume le proporzioni dell'*ironia*.

E soggiunse: « Dal 1860 al 1866 fu un continuo offendere abitudini secolari, tradizioni secolari, suscettibilità, anche puntigliose, se vuolsi di popolazioni vivaci, espansive e che erano disposte a ricambiare con un tesoro di affetti un governo, che avesse saputo studiarle e conoscerle... alla Sicilia è stata aperte la via ad ogni maniera di arricchire, se si voglia, ma le si è spianata la via verso la propria corruzione. Le si è imbellettato il viso, lasciate che io lo dica, ma le si è insozzata l'anima!» (*Discorso alla Camera*. 11 Giugno 1875)

Ci vuole poca intelligenza ad indovinare che questi inizi del governo italiano dovevano condurre a risultati disastrosi. Infatti resero odiosi o antipatici alle popolazioni i Settentrionali in generale e resero più che mai forte il regno della *Mafia*: della *Mafia* ch'era rinvigorita dai moti del 1860, come dissi, per l'aureola di patriottismo e di liberalismo acquistatasi battendosi valorosamente sotto gli ordini di Garibaldi.

I risultati politici collettivi non tardarono a vedersi: si riassumono nella insurrezione anonima di Palermo in Settembre 1866, nella quale caddero più cittadini, che non nelle precedenti insurrezioni contro i borboni; insurrezione provocata da un questore imprudente e nella quale ebbe parte principalissima la *Mafia*, che nell'animo delle masse guadagnò anzichè perdere, colle persecuzioni cui fu fatta segno e trovò nuovo alimento nel generale disgusto che suscitava il governo italiano.

Senza parlare della quistione tributaria, che rese subito inviso a tutti il nuovo regime; senza parlare della ripercussione che produsse nell'animo di tutti la guerra infelice del 1866 e poi Mentana e poi gli scandali della *Regia cointeressata dei tabacchi* e poi il processo Lobbia e poi cento altre vergogne – dopo la insurrezione di Palermo del 1866 il Tajani così descrive l'azione civile del governo in Sicilia: «Dopo la rivolta vi fu un diluvio di disposizioni cozzanti fra loro; vennero i *tribunali militari*, i quali fecero sterminato numero di processi e quando la posizione era compromessa e che la giustizia dei *tribunali civili* doveva riuscire difficilissima, se non impossibile, si annullarono ad un tratto i *tribunali militari* ed i *tribunali civili* ne rimasero imbarazzati; *e così ne rimase esautorata la giustizia militare e la giustizia civile!* »

Dunque all'indomani dell'insurrezione del 1866 in Palermo e in gran parte della Sicilia ci troviamo *colla Mafia potente e colla giustizia civile e militare esautorate*. È la confessione di un alto Magistrato!

Era facile prevedere che anche i funzionari intelligenti e bene intenzionati – lo furono i prefetti Gerra, Zini, Rasponi ecc. – dovevano riuscire impotenti a modificare rapidamente uno stato di cose anormale, perchè circondati dalla diffidenza o dall'odio delle masse; non assecondati dalle inerti ed egoistiche classi dirigenti. Rimanevano isolati, assolutamente impotenti.

Il governo, intanto, volle rapidamente trasformare l'ambiente e per distrurre il male da esso stesso fatto, immemore della sentenza del ministro Cordova che dichiarava inadatti i militari al governo civile, mandò in Sicilia il generale Medici, armato in fatto, se non legalmente, di pieni poteri. Mandò un generale, che per restaurare l'imperio della legge violò tutte le leggi; che per restituire la fiducia nella giustizia affidossi all'iniquità!

Per descrivere il periodo del regime militare sotto il generale Medici lo storico dovrebbe essere raddoppiato dall'artista; ma se manca lo storico artista, ci sono i fatti che colla loro eloquenza mettono alla gogna il governo italiano; c'è infine la parola tagliente e fredda del magistrato: quella del Procuratore generale Tajani.

Questo magistrato mandato da Catanzaro a Palermo nel 1868 si accorse subito che i suoi dipendenti e le autorità di pubblica sicurezza seguivano metodi non solo inadatti e contrari al buon funzionamento della giustizia, ma addirittura criminosi e che dovevano aggravare terribilmente il perturbamento morale della regione. Egli del male constatato ne avvertì il ministro guardasigilli in ottobre 1869, come si apprese dalle lettere da lui scritte e di cui dette lettura nella Camera dei Deputati nei suoi memorabili discorsi delli 11 e 12 giugno 1875.

Si vedrà che i ministri furono conniventi coi delinquenti. Intanto arrivò il momento in cui il Procuratore Generale Tajani dovette iniziare procedimento penale per omicidii ed altri reati contro il Questore di Palermo, che aveva agito sempre di pieno accordo col Prefetto Generale Medici. D'onde un grave conflitto tra la suprema autorità giudiziaria e le autorità politiche; nel quale il governo centrale prese le parti delle seconde e Tajani fieramente si dimise e nel *Pungolo* di Napoli sul finire del 1873 denunziò le infamie e le scelleratezze, che due anni dopo, nella discussione sui *provvedimenti eccezionali* per la Sicilia, espose più dettagliatamente.

Ciò che si sa dai giornali, dall'*Inchiesta* del 1867 e dai discorsi di Cordova e di Depretis è un nonnulla di fronte alle rivelazioni fatte da Tajani nella Camera dei Deputati nel 1875. Queste sole rivelazioni basterebbero a spiegare il più profondo disprezzo che si doveva sentire pel governo e la onnipotenza della *Mafia*. Esse sole bastano a lavare l'onta che si vorrebbe gettare sulla Sicilia ed a riversarla sul vero responsabile: sul governo italiano. È mio dovere riassumere in parte e riprodurle integralmente tal'altra.

La tremenda requisitoria contro il governo italiano incominciò il giorno 11 Giugno; fu interrotta per un tumulto che provocarono le proteste vivaci di Giovanni Lanza e terminò il giorno 12. Quella requisitoria condusse alla nomina di un'*inchiesta* parlamentare – di cui, come si sa, fu poi relatore onesti il Bonfadini – e seppellì il disegno di legge sui *provvedimenti eccezionali*.

Diego Tajani sin da principio fa sapere alla Camera che la questura creò di sana pianta nel 1868 la cospirazione borbonica di Abbadessa, e l'altra cospirazione dei cattolici contro i protestanti in Termini Imerese.

Poi s'intrattiene del Questore di Palermo che nel 1869 ad un mafioso pone questo dilemma: o entrare nelle guardie di pubblica sicurezza o partire pel domicilio coatto!

Il mafioso prega e scongiura che lo si lasci tranquillo e quando vede inutili le preghiere cerca sfuggire al dilemma pugnalando il Questore.

La questura chiudeva non due, ma quattro occhi sopra un certo Marino, che le denunziò l'arrivo di Mazzini in Palermo nel 1870; e il Marino se ne giovava dandosi impunemente al malfare.

Quello che fosse la Questura di Palermo, poi, il Tajani fece meglio risultare ricordando che per molto tempo erano rimasti impuniti gli audacissimi furti presso la Cancelleria della Corte di Appello, in casa della Duchessa di Beauffremont, della Contessa Tasca, al Monte di Pietà, al Museo... Ma un bel giorno una donna denunzia un certo Sebastiano Ciotti, se ne perquisisce la casa e si rinvengono molti degli oggetti derubati.

Chi era Ciotti? *Un graduato delle guardie di Pubblica sicurezza, applicato al gabinetto del Questore!*

Il Tajani continua nello stesso giorno 11; e qui riproduco integralmente dagli Atti parlamentari:

« Ieri l'on. Pisanelli nel far la breve esposizione del suo emendamento, disse con le parole eloquenti, a lui così ordinarie, come non si potesse negare che nei dintorni di Palermo vi sono dei paeselli pieni di mafiosi, che circondano quella città; quasi corona di spine.

Veramente le campagne di Monreale non erano le più sicure del mondo, anzi erano insicurissime ai miei tempi.

Ebbene cosa si fece on. guardasigilli?

Si chiamarono le spine, le più grosse di Monreale. Queste spine più grosse erano sei, tutta gente coperta di delitti; tuttavia ad uno di essi si dette il grado di comandante le guardie campestri, al secondo si dette il grado di comandante di una specie di guardia nazionale suburbana, ed agli altri quattro mafiosi si diede quello dei capitani della guardia (*Ilarità*)

Erano tutti mafiosi ed uniti insieme formavano una bella compagnia di armati.

5 In uno scritto contemporaneo si legge che: Lo Biondo comandante di questa eccellente guardia nazionale disse un giorno al Pretore Barraco: *Pretore, quando sentite che si tira qualche schioppettata, non dovete allarmarvi;* CIÒ AVVIENE PEL PUBBLICO SERVIZIO...

È qualche cosa d'incredibile, ma ve lo assicuro sotto la garanzia del mio onore oltre ai documenti. *Quasi tutti i misfatti che accadevano nelle campagne di Monreale accadevano o colle loro complicità o col loro permesso.*[5]

Queste compagnie erano accampate nelle campagne; avevano delle casine. Ed un funzionario giudiziario ch'era stato quattro anni colà, in un suo rapporto proruppe in questa esclamazione: *qui si ruba, si uccide, si grassa; tutto in nome del reale governo (sensazione).*

Non passava settimana che non si trovasse un cadavere; si procedeva e la sicurezza pubblica, metteva innanzi all'autorità giudiziaria o l'inerzia assoluto o impedimenti. Talvolta l'ucciso era un mafioso di seconda mano, talvolta un principale offeso.

Quando le cose prendevano un aspetto allarmante, la questura chiamava questi caporioni e diceva: *ebbene, il troppo è troppo, mantenete le vostre promesse.*

Allora si passava la parola e si faceva un po' di tregua e poi arrestavano una cinquantina di mafiosi d'ultima mano e li costituivano come capri espiatori di tutti i delitti gravi che avevano essi stessi perpetrati e l'autorità giudiziaria doveva sottostare al compito ingratissimo d'iniziare tanti processi, dopo i quali si dovevano mettere in libertà gli arrestati. Allora si esclamava: ma come volete che manteniamo la pubblica sicurezza se l'autorità giudiziaria libera tutti quelli, che arrestiamo!

Un uomo, del quale non dirò il nome, ma che è ben noto all'on. Rasponi, un brigadiere delle guardie campestri, si è arricchito accampandosi in altre campagne, mettendo imposte feudiarie, imposte di ricchezza mobile, di dazio consumo. I proprietarii dovevano pagare sul ricolto del grano, sul ricolto del vino ed altro, come prezzo del rimanere tranquilli e non patire riscatto!

Un delegato di sicurezza pubblica accampato in un mandamento e' impianta la mafia, si unisce e si lega in relazioni amichevoli con noti ladri e tutti ritengono che li mandi a rubare per suo conto.

Un delegato resosi impossibile per fatti di tale genere in un mandamento venne destinato altrove e l'autorità giudiziaria, che inquiriva in un suo rapporto assicura, ed è pur troppo vero, che quando questo delegato ebbe date tali prove della sua condotta, si promosse capo del circondario e si fa comandante provvisorio dei militi a cavallo. Ed allora che cosa fa? Sceglie quattro individui della sua comitiva, leva i cavalli agli altri. Fra questi quattro ce n'era uno o due... uno me lo ricordo certamente, condannato nientemeno che alla reclusione perpetua ossia ergastolo, sotto il governo passato, per furto accompagnato da omicidio, il quale fu fatto sotto comandante o brigadiere dei militi a cavallo. Così costituiti formarono una specie di associazione, mantennero rigorosamente l'ordine e preservavano dai piccoli furti il proprio circondario del quale erano responsabili, ma s unirono con una quindicina di ladri di seconda mano a rubare cavalli e buoi in tutti i circondari vicini. E talvolta avveniva che i comandanti dei militi a cavallo di colà indovinavano la traccia degli animali rubati, allora questi venivano dispersi per le campagne ed in una di queste circostanze fu anche ritenuto da tutti che il ladro spedito a consumare l'abigeato fosse stato spedito all'altro mondo, per assicurare l'eterno silenzio.

I carabinieri erano buoni, ma esautorati.

Ma vi è di più. L'arme dei carabinieri non solo venne esautorata in quel modo, ma quando si azzardava a fare qualche cosa ed unirsi alla magistratura, si è arrivato sino al punto di censurarla. Udite!

Un giorno un individuo che apparteneva all'alta *crème* fu accusato di omicidio in persona di un caporale. L'autorità giudiziaria aveva fatto il suo dovere ed aveva spiccato il mandato di cattura.

Io ho saputo che quel tale era andato nella provincia di Girgenti, a dirigere certi lavori. Allora io non sapeva neanche chi fosse e che appartenesse ad un'alta camerilla e mandai il mandato di cattura al maresciallo dei carabinieri da cui dipendeva la località.

Dopo quattro o cinque giorni ebbi una lettera privata del Procuratore del Re il quale mi disse: voi non avete fatto passare per mio organo un mandato di cattura contro Tizio, ma lo avete mandato forse direttamente; ora io vi debbo dire che l'altra sera il mandato di cattura è stato eseguito, ma questa mattina ho saputo che l'arrestato è stato messo in libertà.

Allora io immantinenti scrissi al Maresciallo e gli dissi: cosa avete fatto del mandato di cattura? Il maresciallo mi rispose (ed esiste la sua lettera della quale credo il Ministero abbia avuto una copia): la cattura fu eseguita; ma da Girgenti è venuto un ordine del Prefetto perchè si mettesse in libertà... » (*Atti parlamentari*, p. 4133 e 4134)

A questo punto Giovanni Lanza domanda la parola; avviene un tumulto, si sospende ed indi si scioglie la seduta.

Diego Tajani ricomincia la requisitoria il giorno 12 giugno, (*Atti parlamentari* p.4138 e seg.). Egli sin dalle prime fa apprendere alla Camera una gustosa circostanza; a difesa del Prefetto di Girgenti interviene l'autorità militare: il Generale Masi va da Tajani e gli dice: SIAMO STATI NOI!

E viene al clou della requisitoria:

« Il processo a carico del Questore di Palermo terminò con una sentenza della sezione di accusa col non luogo a procedere per insufficienza d'indizi. L'on. Guardasigilli ha letto o leggerà quella sentenza e mi farà la giustizia di dire che *vi hanno delle sentenze di assoluzione, che valgono peggio di una sentenza di condanna.*

Il guardasigilli mi farà l'onore di non contraddirmi e potrà rilevare quando avrà comodo di leggere quel documento, come vi erano ivi sette accusati nella prima parte: un mandante e sei mandatari; che per il mandante si disse esservi insufficienza d'indizii; per i sei mandatarii si disse essere la reità provata, ma che solamente per una difficoltà della procedura la sezione di accusa della Corte di appello si credette inabilitata a rinviarli alle Assise. »

(Il mandante, è bene lo ricordino gl'italiani, era il Questore di Palermo – sotto la protezione del Generale Medici – ; e i reati di cui erano accusati percorrevano tutta la gamma del Codice penale!)

Fu questa assoluzione del Questore e fu il contegno del governo centrale evidentemente favorevole all'alto accusato, che determinò le dimissioni del Tajani.

Ma si apprende dell'altro dalla sua bocca:

« A poca distanza da Palermo, egli continua, due mafiosi accusati di stupro e di mancato omicidio nella persona del padre della vittima vennero messi fuori carcere e forniti di un salvacondotto. I mafiosi si servirono del salvacondotto per recarsi dinanzi alla casa dove erano gli offesi, dov'era la stuprata ed ancora nel letto ferito il padre di essa. La donna ch'era madre e moglie rispettiva degli offesi coi capelli scarmigliati uscì fuori per il paese gridando ad alta voce che oramai non vi era più giustizia, che si cacciavano i carcerati dalle prigioni, perchè andassero ad insultare le vittime sulla soglia della propria casa (*Segni d'indignazione a sinistra*)

Mi si è fatto un telegramma; il sindaco del paese mandò a chiamare i reali carabinieri e questi hanno fatto il loro dovere, catturandoli.

Il più grave fu questo che il Sottoprefetto di Termini li fece porre in libertà; e che per un momento vagheggiò pure la pretesa che i reali carabinieri, i soli che avessero agito in perfetta legalità, venissero puniti!

In un altro processo contro un certo Lombardi (1871), dell'alta mafia, la polizia fa di tutto per salvarlo dall'accusa di omicidio ed accusa un innocente giovane a 17 anni a nome Tamajo. Nell'incartamento di questo processo esiste una lettera gravissima del Presidente della Corte di Assise, dalla quale risulta che egli era indignato nel vedere come *una schiera di delegati di pubblica sicurezza si fossero prestati a procurare un alibi falso a discolpa dell'accusato.* »

Nel regno della Mafia

E allontanandosi da Palermo il Tajani continuarono le cose per la stessa china; tanto che il suo successore nel discorso inaugurale del 1871 fa una tremenda requisitoria contro la pubblica sicurezza, che era *protettrice dei volgari delinquenti.*

Il grave in tutto questo è che non si tratta di casi isolati. No; il Tajani in una lettera al Ministro Guardasigilli (15 Novembre 1869) lo avverte: « i fatti che ho riferiti e gli altri che potrò riferire in appresso non sono fatti isolati, ma *sono conseguenze di un sistema nel quale la morale e la giustizia non entrano in grandi dosi...* »

Poteva dire che non entravano nè in grande, nè in piccole dosi e che fossero la negazione della giustizia. C'era ancora di peggio: questo sistema senza giustizia non si esplicava soltanto in Sicilia, ma aveva i suoi complici nel governo centrale, a Firenze, e poi a Roma.

Infatti non solo sappiamo che nel processo contro il questore di Palermo il contegno del ministero fu tale da costringere il Tajani a dimettersi, ma si apprende che il governo voleva assolutamente l'impunità dei funzionari come si rileva da queste lettere scambiatesi tra Procuratore Generale e ministro di grazia e giustizia a proposito della liberazione dell'accusato dell'alta *crême* ordinata dal Generale Masi e per lui dal Prefetto di Girgenti di cui si fece cenno.

Il Procuratore generale scriveva: « L'autorità giudiziaria di questo distretto ben molte concessioni fa all'autorità politica e attingendo di continuo nel proprio patriottismo quella prudenza tanto necessaria in luoghi e tempi eccezionali, ha tollerato assai. Ma la tolleranza non sarebbe ora una colpa?

In molti luoghi l'autorità politica si è messa su di una brutta china in fatto di arbitri; ma almeno scusa di tale contegno era la necessità dell'ordine nelle città e nelle campagna; ma ora dove andiamo? Quale scusa, quale spiegazione si darà al fatto dell'ordinata evasione di una persona del ceto civile, catturata per regolare mandato?

Il ministro intanto converrà meco che il silenzio non può serbarsi di fronte a questi scandali, e che tanto l'interesse della giustizia, quanto il prestigio ed il decoro dell'autorità giudiziaria, esigono una riparazione forse anche un'inchiesta. Ma è dovere mio non passare oltre senza prima chiedere le superiori direzioni dell'E.V. che spero vedermi giungere al più presto ». Il Guardasigilli, in data 31 ottobre 1869, risponde che si è rivolto al Ministro dell'Interno; ma in data 27 novembre chiuse l'incidente con questa lettera edificantissima:

« *In relazione alle note di cotesto generale ufficio, del 25 decorso e 5 e 6 novem-*

bre corrente, mi pregio parteciparle che chiesti chiarimenti al Ministero dell'interno, relativamente all'operato del signor Prefetto di Girgenti, questi mentre è di parere che non sia il caso di un provvedimento qualunque di punizione, assicura che farà a quel funzionario serie rimostranze, onde un simile procedimento non si rinnovi ».

Nè al Tajani sfuggirono le conseguenze del *sistema*. Egli col porre termine al suo discorso del 12 giugno segnalava questi insegnamenti, che scaturivano dai fatti esaminati:

« Il primo insegnamento è questo: *che la mafia, che esiste in Sicilia non è pericolosa, non è invincibile per sè*, MA PERCHÈ È STRUMENTO DI GOVERNO LOCALE. Questa è la prima verità incontrastabile.

Dippiù, come volete che quando una parte di quei ceffi rappresenta la forza pubblica, come volete che tutti i cittadini siano degli eroi, ed abbiano la forza, il carattere, il coraggio civile di deporre con piena libertà, quando sanno che questa giustizia è in una certa sua parte almeno, nella parte esecutiva rappresentata da coloro che per i primi dovrebbero essere colpiti?

L'altro insegnamento è questo: che le leggi non funzionano completamente per la mancanza di fiducia degli amministrati nell'amministrazione! »[6]

Fu santa, quindi, l'indignazione di Diego Tajani, che in Parlamento dopo avere svelato tante turpitudini dei funzionari di pubblica sicurezza ed anche dei magistrati conchiuse: « Bisogna persuadersi che in Sicilia quel che manca oggi è un'idea esatta della parola *governo*. Bisogna ricostituirla di un'aureola imponente, perchè se non si comincia da questo, non si farà mai nulla... »
Lo stato della Sicilia, poi, sintetizzò in questa terribile apostrofe: « Noi abbiamo colà: le leggi ordinarie derise, le istituzioni un'ironia, la corruzione dapertutto, il favore la regola, la giustizia l'eccezione, il delitto intronizzato nel luogo della pubblica tutela, i rei fatti giudici, i giudici fatti rei ed una corte di mali interessati fatti arbitri della libertà, dell'onore, della vita dei cittadini. Dio immortale! *Che cosa è mai questo se non il caos? Che cosa è mai questo se non il peggiore del mali; l'*ANARCHIA DI GOVERNO *innanzi alla quale centro briganti di più e cento crimini di più sono un nonnulla e scolorano?* »

Questa è la voce dell'ultimo magistrato italiano, che abbia sentito tutta

---

[6] Giovanni Lanza nella stessa seduta del 12 giugno prese la parola per fatto personale perchè egli era stato ministro dell'Interno quando si erano verificati i fatti più gravi denunziati da Tajani. La sua auto-difesa fu inconcludente più che fiacca. Riuscì a dimostrare soltanto che l'arrivo di Mazzini in Palermo non fu segnalato da Marino, ma non dimostrò che Marino non fosse un delinquente protetto dalla questura. Pel processo da Tajani iniziato contro il questore di Palermo ci fu una inchiesta sulla condotta del primo; ma questa riuscì tale che il governo offrì all'ex Procuratore Generale di Palermo, sdegnosamente dimissosi, il posto di Consigliere presso la Cassazione di Napoli.

l'altezza della missione della magistratura; e da lui che aveva amministrato la giustizia in Sicilia abbiamo appreso che per vincere la *Mafia* si aveva organizzato il peggiore dei mali: l'*Anarchia di governo!*
Sotto i Borboni a tanto non si era discesi; mancava la libertà; mancava spesso la giustizia; ma nessuno poteva dire che si era arrivati *all'anarchia di governo...*
L'anarchia di governo giustificò il governo *Negazione di Dio*; il governo italiano riabilitò la *Mafia*, che dovevasi distrurre. D'allora in poi non pochi si domandarono se tra i due non fosse meglio accordare la fiducia alla *Mafia* anzichè al governo... Ed ora mentre scrivo, i proprietari di una buona parte della provincia di Palermo la pensano a questo modo e per avere sicuri i beni e la vita pagano volentieri un tributo annuo... al brigante Gandino, che vive da signore facendo le fiche alla giustizia del Regno d'Italia![7]
La Camera dei deputati – oh! quanto diversa da quella di adesso sotto la *Destra!* – perciò fece bene a negare nel 1875 le leggi eccezionali per la Sicilia al governo, che aveva creato una situazione intollerabile e disonorevole per qualunque società civile; ordinò invece una *inchiesta parlamentare* che condusse alla importante relazione Bonfadini.
Dopo la tremenda requisitoria di Tajani e la nomina della *Commissione d'inchiesta parlamentare*, avvenne la cosidetta *rivoluzione parlamentare* del 18

---

[7] Si muove spesso accusa ai proprietari della Sicilia di non aiutare il governo nella repressione del malandrinaggio. Ci può essere qualche parte di responsabilità in essi; ma è minima. Sappiamo di già da Tajani che per avere fiducia nei *ceffi*, che rappresentano la pubblica sicurezza si deve essere *eroi!* Tra innumerevoli casi a me noti, intanto, voglio ricordarne alcuni caratteristici che servono a giustificare la diffidenza dei cittadini verso le autorità. Ne scelgo quattro in quattro luoghi diversi e in quattro epoche differenti: in Messina verso il 1870 quando furono tratti innanzi alle Assise i briganti della banda Cucinotta un vecchio contadino depose che da tempo erano state malmenate le sue sostanze e la sua integrità personale: era stato vittima di un osceno delitto! Il Presidente interrompendolo gli chiese: Ma perchè non denunciaste a tempo questi fatti? — Signore Presidente, un giorno ebbi il ruzzo di denunziare un furto al Pretore; venne costui col cancelliere per accertare lo scasso della porta. Per dovere di ospitalità detti un parco desinare a quei gentiluomini. Dopo qualche giorno vennero i briganti: sapevano per filo e per segno quello che aveva denunziato e mi bastonarono di santa ragione... col resto. Poi seppi che il processo era terminato con una ordinanza che dichiarava ignoti i malfattori. Così ci rimisi la spesa dello asciolvere, i viaggi dalla mia campagna a Messina; e ci guadagnai una buona collezione di legnate... e il resto. Dopo questo esempio voleva Ella che io ritentassi la prova? Il Presidente, il compianto consigliere Cosentito, tacque.
Nel 1874 nella mia Castrogiovanni un ricco proprietario denunzia un reato e dà tutti i particolari desiderabili sui loro autori. Immediatamente i delinquenti seppero tutto ed egli subì danni ed ebbe minacce di morte. Poco dopo apprese dove si riunivano i briganti quasi ogni sera; ma non volle denunziarlo per la sicurezza che i briganti sarebbero stati avvertiti in tempo e lui avrebbe pagato la pena dell'atto onesto e coraggioso. E non si sbagliava: era l'epoca del Prefetto Fortuzzi che partì da Caltanissetta denunziando tutta la provincia come complice del brigantaggio mentre i soli complici del brigantaggio prendevano lo stipendio dello stato e

marzo 1876 e coll'arrivo della *Sinistra* al potere cominciò la degenerazione della Mafia, la generalizzazione del suo spirito la catastrofe morale della rappresentanza della Sicilia e del Mezzogiorno, l'asservimento incondizionato di queste regioni al governo ed ai suoi rappresentati...

comandavano in Prefettura.
Sotto il 2° ministero De Rudini, se non sbaglio nel 1987 un ricco cittadini rese un importantissimo servizio alla pubblica sicurezza in provincia di Palermo e spese circa 800 lire del suo. Sperava esserne rimborsato ma l'arma dei Reali Carabinieri si oppose perchè volle per sè tutto il merito dell'operazione.
Veniamo al colmo. Nell'anno di grazia 1899 un altro ricco possidente manda ad avvertire un sottotenente dei carabinieri che il brigante Gandino trovavasi nel tale feudo. Il rappresentante della benemerita invece di disporre subito il relativo servizio accolse sghignazzando il messaggere e trattandolo da visionario lo assicurò che Gandino era da qualche anno... in Tunisia!
Senza esagerazione potrei riferire un altro centinaio di casi simili; ma non occorrono. Ciò che denunziò Tajani nel 1875 e ciò ch'è venuto fuori dal processo di Milano non lasciano luogo al menomo dubbio. l'atteggiamento del sottotenente dei carabinieri cui fu denunziata la presenza del brigante Gandino non si deve tutto alla inettitudine del funzionario; in gran parte è dovuto all'assoluta mancanza d'informazioni; e queste non possono esserci quando il milione emesso dei *fondi segreti* viene mangiato dalla stampa bene informata e dalla sorveglianza esercitata sui *sovversivi*.
Si deve aggiungere che il dualismo tra il personale di pubblica sicurezza e i carabinieri contribuisce moltissimo a paralizzare il servizio contro i delinquenti. I carabinieri, poi, che sino a poco tempo fa erano rispettati e tenuti sono degenerati bassamente in strumenti elettorali e vengono meno nella maggior parte dei casi alla loro missione. Per tutti questi motivi i proprietari di Sicilia sentono disprezzo ed avversione pel governo italiano e rimpiangono Maniscalco.
Contano di più sulla parola di un brigante anzicchè su quella di un funzionario dello Stato. E non hanno torto.

VII

Tra le conseguenze della cosidetta *rivoluzione parlamentare del 18 marzo 1876*, che balzò dal governo la *destra* per insediarvi il partito di *sinistra*, che dicevasi più democratico e più liberale, la meno che a prima vista si riesce a comprendere è l'asservimento generale della Sicilia e del mezzogiorno al governo. Molti non si sanno spiegare perchè lo stesso partito e li stessi metodi e criteri di governo non dettero gli identici risultati nell'Italia centrale e settentrionale. Eppure questo fenomeno politico importante, che si ripercuote maleficamente sul resto della vita politica e morale non è difficile ad intendersi se si pon mente ai precedenti storici remoti e recenti.

In Sicilia e nel mezzogiorno da oltre venti secoli, salvo brevi e parziali interruzioni, si ebbe sino al 1860 la monarchia assoluta, insufficientemente temperata nell'isola dal vecchio Parlamento. Gli abitanti erano abituati alla servitù; il servilismo era divenuto carattere etnico predominante rinvigorito dalla lunghissima, continuata, ininterrotta trasmissione ereditaria.

La rivoluzione che cacciò i Borboni e inaugurò il regime rappresentativo trovò le masse del mezzogiorno e della Sicilia assolutamente impreparate, per mancanza di educazione politica e di coltura intellettuale e morale, all'esercizio dei diritti di liberi cittadini, all'uso delle pubbliche libertà con un governo parlamentare. Si aggiunga che il carattere dei Siciliani a causa delle frequenti rivoluzioni e conquiste che li fecero passare da un dominio all'altro non potè essere formato e consolidato per mezzo dell'ereditismo; donde una certa inconsistenza e mutabilità, come osservò il prof. Arcoleo nella conferenza sulla *Civiltà in Sicilia*; in fondo nel carattere rimase sempre il servilismo come nota principale.

Ciò nonostante per molti anni – dal 1860 a 1876 – in Sicilia e nel mezzogiorno la vita politica nel rapporto elettorale si svolse abbastanza normalmente e con un indirizzo, che sembra in contraddizione con l'osservazione bio-psicologica precedente.

Siciliani e meridionali, invero, anzichè mostrarsi *servili* dettero prova di fierezza e di indipendenza, eleggendo a deputati in grande maggioranza gli uomini di opposizione della *Sinistra* più o meno democratica.

Il fenomeno, in apparenza strano, fu dovuto all'ascendente incontrastato che gli uomini di *Sinistra* esercitavano sulle masse, che in un primo slancio avevano sentito il bisogno di libertà e che nei primi tempi di entusiasmo parteciparono – come è avvenuto dapertutto e sempre – alla vita pubblica con molto disinteresse e con nobiltà di intendimenti. Gli uomini di *Sinistra* esercitavano sulle masse un preponderante ascendente per diversi motivi: il loro programma era quello di Giuseppe Garibaldi, il liberatore della Sicilia e del mezzogiorno, l'uomo leggendario dal fascino irresistibile; essi erano circondati dall'aureola del martirio e del patriottismo per le condanne e per le persecuzioni subite sotto il governo dei Borboni; molti di essi nel lungo esilio passato in Toscana, in Piemonte o in Inghilterra avevano acquistato una certa coltura ed una educazione politica, che mancava ai loro concittadini; essi, infine, dalle circostanze della loro vita erano stati fatti audaci, attivi, intraprendenti. Apparivano, dunque, e relativamente erano uomini superiori, che nelle rispettive regioni dovevano predominare.

Quando la *Sinistra* pervenne al potere la loro azione divenne assolutamente irresistibile; perciò quelle masse elettorali che avevano saputo opporre una vigorosa resistenza al governo, divennero strumenti e agenti docili e ciechi dello stesso governo. Ogni resistenza cessò; e chiunque conosce le teorie di Maudsley sulla più facile scomparsa dei caratteri morali acquisiti più recenti, completata e meglio formulata dal Sergi nella teoria della *stratificazione del carattere*, senza alcuna meraviglia apprenderà, che scomparve facilmente lo strato superiore recentissimo rappresentato dallo spirito d'indipendenza e d'iniziativa e si compì rapidamente la reversione atavica favorita straordinariamente dalle condizioni speciali degli uomini, che la determinarono. Così la *Sinistra* produsse in Sicilia e nel mezzogiorno una trasformazione, che non potè produrre altrove: l'asservimento completo delle masse al governo.

La *Sinistra* non fece questo solo: affrettò la degenerazione del regime parlamentare; quella degenerazione che si era preparata nel suo seno per la lunga assenza dal potere, che l'aveva condannata ad una specie di onanismo politico e l'aveva privata di quella pratica che dà le migliori e le più salde attitudini per ben governare.

Quando acchiappò le redini del governo era già affamata di potere, assetata di vendetta, esaurita in una opposizione infeconda; aveva molti risentimenti da sfogare ed aveva contratti molti debiti politici e morali in sedici anni di lotta contro la *destra*. Non poteva pagarli, che a spese della cosa pubblica, a spese sopratutto della giustizia e della legalità. I favori e le ricompense perciò piovvero sugli amici, sui clienti, sui creditori sotto forma d'impieghi, di concessioni di ogni genere, di onorificenze cavalleresche; agli amici, che chiedevano nulla si seppe e si volle negare e quando non bastarono i favori per contentarli non si risparmiarono le prepotenze e le iniquità a danno del pubblico o a danno dei privati.

La *Sinistra* ch'era pervenuta al potere con una specie di cospirazione di alcova, condotta abilmente dall'ex repubblicano Nicotera, e colla defezione di un grosso nucleo della *destra*, sentiva di non essere parlamentarmente salda al potere; perciò si affrettò a sciogliere la Camera e ad indire subito le nuove elezioni. Queste furono fatte senza l'ombra dello scrupolo dal ministro dello interno Nicotera.

Aveva un obbiettivo: creare una vera maggioranza di *Sinistra* e non potè e non volle discutere sui mezzi per raggiungerlo. La Sicilia e il mezzogiorno gli diedero tale schiacciante maggioranza, tutta a scapito delle qualità morali ed intellettuali degli eletti. Infatti mentre la generazione per così dire eroica, che aveva fatto l'Unità d'Italia, in sedici anni aveva visto diradare le proprie fila col lavoro inesorabile della morte, i nuovi venuti, per rimpiazzare le perdite, non avevano avuto tempo e modo di formare la propria educazione politica, morale e intellettuale; e il governo accettò i candidati alla cieca senza esaminarne i precedenti, le condizioni, la sincerità della professione di fede.

Ogni canaglia, ogni imbecille, ogni ambizioso che aveva un certo seguito, che aveva quattrini, che aveva una qualsiasi *base*, come dicevasi in gergo elettorale, presentavasi come candidato di *sinistra* e con questa marca di bollo, che nascondeva qualunque contrabbando – specialmente quello della disonestà, della ignoranza e delle infedeltà politica – chiedeva ed otteneva subito l'appoggio incondizionato del governo.

Dopo Nicotera fece le elezioni e fu capo del governo per lunghi anni il Depretis, il grande corruttore, colui che fece il *Trasformismo* e fu chiamato il Walpole d'Italia. Così avvenne che molti collegi del mezzogiorno, che avevano eletto Mario, Guerrazzi, De Boni, Amari, Ferrara, Settembrini, D'Ayala, Mancini e tante altre illustrazioni della scienza del patriottismo, del carattere vennero rappresentati da individui, che a dir poco ne furono la negazione e tra i quali brillano anche gli accusati di assassinio per mandato![1]

---

[1] Nel 1895 all'indomani delle elezioni generali fatte dal Crispi, colla mia franchezza abituale in un articolo del *Secolo* di Milano constatai la degenerazione e il servilismo della deputazione del mezzogiorno e della Sicilia. I

In conseguenza dei criteri di governo – non nuovi del tutto perchè anche la *Destra* li aveva seguiti, benchè in misure più modeste – della degenerazione della rappresentanza politica e dello asservimento – quasi direi più esattamente: dell'*addomesticamento* – delle masse lo spirito generatore della *mafia* in Sicilia e della *camorra* in Napoli[2] subì una specie di attenuazione, ma si generalizzò maggiormente e divenne un male, la cui cura ha bisogno di provvedimenti più complessi e di maggiori insistenze, perchè a tutte le condizioni anteriori generatrici dello spirito della *Mafia* si aggiunsero le ragioni politiche ed elettorali. Lo spirito della *Mafia* non scaturì più esclusivamente dalle sorgenti dell'Ufficio di polizia, del principe, del latifondista, del *gabelloto*, del *campiere*, del *compagno d'arme*; ma su queste sorgenti s'innestò e spesso prevalse l'influenza del deputato e talora del semplice candidato, che ci tenne sempre ad essere e dirsi *governativo*.[3] L'ingiustizia, la sopraffazione, la violazione della legge fecero capo sistematicamente al depu-

colpiti invece di smentirmi e di provare che avevo mentito o calunniato fecero cosa inaudita: organizzarono nella *Sala Rossa* di Montecitorio sotto la presidenza del Duca di San Donato il *linciaggio* materiale contro di me. Lo tentarono in pubblica seduta della Camera il 31 luglio e se non riuscì ciò si deve alla difesa energica della *Estrema sinistra* e dei buoni ed onesti della Camera compresi non pochi del mezzogiorno e della Sicilia, che vi opposero viva resistenza. Poco dopo in seguito a gratuita e grave provocazione dovetti battermi in duello per lo stesso motivo. Si *preannunziò* una mia grave ferita; ciò che dimostra che si sperava che io avessi fatto la fine del Cavallotti.

Ho visto con grande compiacimento che i giudizi da me ripetutamente emessi nella Camera e negli scritti hanno trovato l'autorevole assentimento dell'on. senatore Villari. Egli malinconicamente osserva: « Pur troppo la storia delle provincie meridionali è la seguente. La persuasione che esse erano state corrotte dal Governo dei Borboni, invece d'infondere nel resto d'Italia la convinzione, il sentimento profondo che era supremo dovere politico correggerle colla ragione o colla forza, suggerì il pensiero che la corruzione appunto desse facile il modo di governarle ad arbitrio del Ministero. Ed è quello che si fece su larga scala con conseguenze sempre dannose, spesso anche funeste. Non abbiamo noi visto qualche patriotta illudersi a segno da credere possibile ristabilire e mantenere colà saldo l'ordine legale con una polizia composta di malfattori? Ivi, più che altrove, i prefetti divennero non altro che agenti elettorali. Non si chiese loro che governassero bene, si chiese solamente che facessero eleggere deputati sicuri. E il modo più facile per riuscirvi parve che fosse sempre: impadronirsi delle clientele, consorterie o camorre locali, il voglio chiamare e che son sempre centri di prepotenze, d'oppressione e di corruzione. Così è avvenuto che molte delle lezioni del Mezzogiorno si fanno ora a Palazzo Braschi, e gli eletti non vanno più, come una volta a sedere a *sinistra*. La voce vera del paese è soffocata, non conta più nulla ».

È bene osservare che il senatore Villari scriveva il suo articolo (*Nuovi problemi*) pubblicato nella *Nuova Antologia* del 16 Novembre 1890 prima che cominciasse il processo Notarbartolo.

[2] Con giusta ragione l'on. De Martino nella discussione del bilancio dell'interno (dicembre 1899) denunziò le gesta della *Camorra* in Napoli come analoghe a quelle della *Mafia* e propose con altri una *inchiesta parlamentare*.

[3] In un collegio di Sicilia del 1809 i manifesti elettorali avevano designato un gruppo di candidati — c'era lo scrutinio di lista — come *governativo*. All'ultima ora spuntò un altro manifesti con molte firme in favore di un solo candidato, ch'era detto *vero governativo*.

tato o al candidato *governativo*. Perciò complessivamente si può essere sicuri che nella intensità la *Mafia* in Sicilia sia in sensibile diminuzione, per quanto il processo Notarbartolo la illumini di sinistra luce; ma ha guadagnato in estensione nell'ambiente sociale lo spirito che generò la *Mafia*: il disgusto, la diffidenza pel governo; l'assoluta e generale incredulità nella imparzialità dei suoi rappresentanti e di quanti con loro serbano rapporti e nella retta amministrazione della giustizia; l'universale e profonda credenza che il diritto non valga e che i deputati amici del governo possano tutto e tutto debbano tentare, naturalmente, in favore dei loro amici!

Le conseguenze dello sviluppo di questo stato dello spirito pubblico non poterono essere che gigantescamente disastrose sotto il punto di vista politico, morale e amministrativo. I buoni, i timidi si ritraggono dalla vita pubblica, i forti lottano ma debbono subire amarezze indicibili e spesso soccombere. *Mafia for ever!*

Non solo questo degenerato regime politico generalizza e consolida lo spirito generatore della *Mafia*; ma spesso si esplica direttamente colla *Mafia* e per la *Mafia* in sè e per sè considerata a raffigurata in associazione criminosa.

Il questore Lucchese, il Generale Mirri ex ministro della Guerra, il Senatore Codronchi in Sicilia si servirono dei mezzi *mafiosi* più disonesti e delle persone notoriamente appartenenti alla *mafia* per far prevalere i candidati *governativi*; essi che tra i testimoni sono comparsi eroi nel processo di Milano per la franchezza e pel coraggio con cui accusarono il Palizzolo – con lui, pur sapendo o credendolo mandante di due assassini serbarono rapporti più o meno intimi e stabilirono solidarietà elettorale più o meno sfacciata. Al Palizzolo, che dall'ispettore Di Blasi si seppe essere stato il prediletto del Prefetto Bardesono, resero servizi per ragioni elettorali; ai suoi *mafiosi*, come risulta dal processo, non negarono i favori e permisero che venissero compresi nella lista dei candidati al Consiglio Comunale di Palermo. La Lotta di un candidato che aveva contro di sè il governo diveniva così talmente difficile, che anche i più onesti che non volevano combattere colla certezza di soccombere, erano qualche volta costretti a ricorrere alla stessa *Mafia* per controbilanciare la partita. La *Mafia* in queste condizioni guadagnava in simpatie popolari, come sotto il governo Borbonico, perchè assumeva la parvenza di levarsi a difesa del debole e dell'oppresso.

In forza di tutto ciò in Sicilia ne siamo a questo: i più onesti, i più corretti cittadini invocano la protezione, l'intervento del deputato in tutti i loro affari, perchè sinceramente convinti che i loro avversarii – se ce ne sono –

metteranno in mezzo *persone influenti* ai loro danni.

Non si crede alla sincerità dei concorsi pei pubblici affari; non si crede sopratutto alla imparzialità ed onestà dei giudici nelle loro sentenze: ma tutto si subordina e si spiega con la *influenza* del deputato. Sicchè, generalmente – e sfido tutti i miei colleghi a smentirmi – il *valore* del deputato non viene dato dalla sua intelligenza, dalla sua rettitudine, dal suo patriottismo; oh no! ma dalla *influenza* – la parola sostituita all'altra più rude, *Mafia* – esercitata. Guai al deputato, che nega l'*influenza* o non sa bene esercitarla e non sa metterla in vista e farla debitamente apprezzare! – Sarà perduto o per lo meno sarà diminuito nella stima e nella fiducia dei suoi migliori amici. Nella migliore delle ipotesi sarà deriso e compianto come persona non *pratica* che non conosce i *tempi* che per i suoi scrupoli *ridicoli* abbandona e sacrifica i suoi *fedeli* sostenitori. Bisogna vedere con quale sorriso di commiserazione e di incredulità si è accolti quando si consiglia un cittadino ad aver fiducia nell'autorità, nei magistrati, nella legge...

Tutto questo ingranaggio per giudicarlo in tutta la sua interezza bisogna vederlo in funzione nelle elezioni politiche e amministrative, che si danno la mano e si completano a vicenda; dapoichè il Sindaco e i consiglieri comunali e provinciali appoggiano il deputato e questi restituisce l'appoggio in cento modi quasi tutti disonesti.

I *governativi* si preparano da lunga mano con cura e con sapienza sorprendenti: essi – cavalieri, baroni, commendatori veri o immaginari – s'impiantano nelle prefetture e nelle sottoprefetture per agire nel conto proprio o in quello dei loro mandanti. E di là, benchè talora siano notissime antiche ed intime le relazioni con briganti autentici, prestano tutti i servizi possibili al governo e dispensano favori ed esercitano vendette di ogni genere in ogni istante della vita.

Questi *governativi* di un eclettismo fenomenale, del pari entusiasti per Nicotera, o per Giolitti, o per Crispi, o per Rudini, o per Pelloux... – che sarebbero parimenti entusiasti pel Cardinale Rampolla o pel principe di Kropotkine – sorvegliano e dirigono i Comuni, aiutano e puniscono i privati a seconda che sono servi obbedienti o ribelli ostinati. Spadroneggiano nelle Commissioni di ricchezza mobile, nei Consigli provinciali scolastici, in tutte le Commissioni per dare impieghi, sussidi o favori, per sorvegliare affinchè i benefizi anche minimi – dalla concessione del permesso di portare le armi, alla concessione di un botteghino del lotto, alla rivendita di sali e tabacchi, al grado di guardia campestre privata – non cadano sui *nemici* del deputato o candidato governativo: nemici, che ora si chiamano *sovversivi*,

anche quando sono notoriamente conservatori![4]
Alla preparazione succede l'azione epica nel periodo elettorale. Allora l'illegalità, la violenza, l'ingiustizia assurgono a proporzioni mostruose.

Se si dovesse riportare qui tutto ciò ch'è stato esposto nelle varie discussioni parlamentari all'indomani di ogni elezione generale ci vorrebbero parecchi volumi; e quanto è stato fatto da prefetti, magistrati, carabinieri, polizia a danno della sincerità elettorale, della legge e della giustizia venne giudiziariamente documentato nelle inchieste sulle singole elezioni contestate. Rimarrà celebre a questo proposito il discorso di Cavallotti sulle elezioni del 1886. Nei rapporti colla *Mafia* e colla *Camorra* il fenomeno elettorale venne lumeggiato in questa recente occasione del Processo Notarbartolo dalle parole e dalle gravi rivelazioni dell'on. De Felice, dell'on. Principe di Scalea e dell'on. De Martino: un socialista e due conservatori. Accenno rapidamente ad alcuno episodi meno noti e caratteristici.

Alla vigilia delle elezioni del 1890, in una notte all'improvviso, senza alcuna formalità legale furono arrestate circa MILLE persone in Palermo e dintorni. Erano accusati di essere malviventi, *Mafiosi*. Forse lo erano e si avrebbe potuto approvare l'operazione, benchè illegale; però, gli arrestati alla spicciolata senza sorpresa di alcuno venivano rimessi quasi tutti in libertà con sapiente selezione. Si mettevano in libertà quando davano affidamento di lavorare per i candidati *governativi*... Ecco a che cosa serviva all'autorità politica la conoscenza della *Mafia!* Nelle elezioni generali del 1890 in una sezione del 1.° collegio di Palermo nello scrutinio era stato letto spesso il nome di un candidato contrario al governo. Allora un ispettore di Pubblica Sicurezza andò a parlare all'orecchio del Presidente del seggio per fargli sapere che se si continuava di quel passo sarebbe stato mandato a domicilio coatto. Il candidato anti-ministeriale non ebbe altri voti. In quel tempo era questore di Palermo il Commendatore Lucchesi, di cui lessi una lettera nella Camera dei Deputati nel 1891, colla quale declinava ogni responsabilità per gli abusi fatti dalla polizia contro il candidato Prof. Mario Puglia, perchè le operazio-

---

[4] Ho insistito in molti scritti e in molti discorsi su questa mala pianta che avvelena la vita pubblica italiana dei cosidetti governativi a *tout-prix* che alla Camera vengono anche chiamati ascari dalla facilità colla quale passano dal servizio di un ministro all'altro e che vengono forniti a preferenza dal mezzogiorno e dalla Sicilia — per loro danno e vergogna. Le stesse osservazioni ha ripetuto nella *Nuova Antologia* (16 novembre 1899) il senatore Villari, come si rileva dal seguente discorso tenutogli da un Prefetto: « Queste sono le provincie più governabili del mezzogiorno d'Italia. Hanno sempre chiesto una cosa sola di cui hanno estremo bisogno e che non hanno mai potuto avere: la giustizia. Il mistero si spiega in poche parole. *I deputati di cui mi chiedi votano sempre pel governo, qualunque esso sia, ed il governo concede loro tutto quello che chiedono.* Essi sono più potenti di me: spesso si concede loro quello che s'è negato a me (*Nuovi Problemi*). »

ni elettorali erano *dirette* da un Ispettore di P.S. mandato appositamente da Roma dal Ministro dell'Interno. Nel 1893 avviene una elezione parziale in Serradifalco; il candidato *governativo* era in minoranza; interviene la *Mafia*, provoca un tumulto voluto e desiderato dalle autorità *governative*, avviene un piccolo massacro e il candidato *governativo* trionfa! La distribuzione dei permessi pel porto delle armi avviene coi criteri più sfacciatamente disonesti; così nel 1895 a Marsala il permesso viene negato ad un assessore comunale, di cui un'autorità di Trapani e me stesso scriveva riconoscendone l'alta moralità; in un altro collegio si accorda ad un *mafioso* con quattro condanne, che promette lavorare contro il candidato *sovversivo*.

Casi simili più o meno mostruosi si contano a *migliaia*: sempre in Sicilia ai *Mafiosi* più noti si accordarono le armi e la protezione pur di *lavorare* in favore dei *governativi*; e i *Mafiosi* quanto più noti come tali, tanto più riuscivano devoti al governo, che aveva modo di punirli della loro infedeltà o della loro tiepidezza mandandoli all'inferno, cioè al domicilio coatto.

Metodi bestialmente *mafiosi*, è bene ripeterlo adoperarono nelle elezioni del 1890, 1985 e 1897 il questore Lucchesi, il Generale Mirri, il Senatore Codronchi, che sono andati al processi di Milano a fare le più gravi deposizioni contro... la *Mafia*!

Del generale Mirri sono rimaste celebri le lettere al caro *Venturini* – nelle quali additava me come un individuo che adoperava le *male arti...* perchè difendevo la causa della giustizia di elettori iniquamente e illegalmente cancellati; e chiedeva che venisse messo in libertà... provvisoria un individuo mandato innanzi alle Assise sotto l'accusa di omicidio, di furto e di associazione a delinquere perchè tale liberazione era necessaria per la riuscita di un candidato caro a Crispi.[5] Eppure il Generale Mirri, che in seguito alla pubblicazione dell'epistolario Venturini fu costretto a dimettersi da ministro, non è stato il peggiore governante mandato in Sicilia!

È generale l'opinione – e vorrei crederla infondata – che Gandino, il brigante indisturbato che esige una speciale sovrimposta fondiaria per conto suo, sia stata la principale forza elettorale governativa in qualche collegio della provincia di Palermo. Ciò che narrò De Felice sul *mafioso* Petrilli che con trentadue *processi* era ai servizi della polizia, autorizzerebbe a crederlo.

E tutto questo è ancora poco di fronte a ciò che si fa dal governo coi municipi.

[5] Nella *Rivista popolare* (13 Gennaio 1900) ho narrato le edificanti confidenze fattemi dallo stesso Mirri per fare riuscire in Alcamo l'on. Damini nel 1895.
In Castrogiovanni nelle elezioni generali del 1895 si sperava provocare una sommossa dalle autorità governative; perciò si chiamarono rinforzi di truppa al di là di ogni misura. Allarmatosene l'autorità militare venne sul luogo il tenente colonnello Nicolosi, il quale trovatala quasi in istato di assedio contro il buon senso e contro

I Consigli Comunali vengono sciolti alla vigilia delle elezioni politiche; si nominano Regi Commissari le persone che assumono l'impegno di sostenere il candidato *governativo*. In Provincia di Palermo lo stesso Regio Commissario, secondo l'interesse governativo del momento, è stato in un medesimo paese una volta per sostenere il *bianco*, un'altra per sostenere il *nero*; in provincia di Catania alcuni municipi sono destinati ad essere sciolti sempre alla vigilia o all'indomani delle elezioni chiunque riesca vincitore nella lotta, perchè i combattenti sono tutti *governativi*, sempre *governativi*. Non si capisce nemmeno che possa presentarsi un candidato di opposizione al governo del tempo.

Gli scioglimenti dei Consigli Comunali avvengono per futili pretesti che si vanno a cercare colla lanterna di Diogene nelle amministrazioni, che non sono, del resto, un modello di correttezza. Altri municipi che sono fuori la legge e la cui amministrazione nasconde molte brutture e qualche reato, non vengono mai molestati; questi municipi si assicurano l'impunità rimanendo sempre ciecamente ubbidienti al Prefetto, spiegando la loro opera sempre in favore del candidato *governativo*.

Così ce n'è uno che da circa *venticinque anni* è in mano di una famiglia feudale che la pubblica finanza fa anche servire al mantenimento dei propri bastardi e che ha trasformato l'amministrazione comunale in una lurida camorra e che rimane indisturbato solo perchè esegue scrupolosamente gli ordini elettorali del Prefetto. Ad un sindaco in altra recente elezione il Prefetto minacciò lo scioglimento del consiglio e relativi processi verbali se non smetteva di combattere il candidato *governativo*. E fu immediatamente ubbidito.

Questa scandalosa, *mafiosa*, ingerenza del governo nelle amministrazioni comunali fu denunziata più volte alla Camera.

Un deputato ministeriale, relatore del bilancio dell'interno, l'on. ex Ministro Chimirri tentò negarla ed attenuarla; ma la parola sdegnosa dell'ex Ministro Branca lo ridusse al silenzio e dichiarò solennemente avere avuta l'esplicita confessione di un Prefetto su tale tirannia esercitata a scopo elettorale sui municipi.[6]

---

la legge, mise a posto le autorità di pubblica sicurezza provocatrici; fece rispettare la legge e lasciò fare liberamente le elezioni. Sia ricordato ad onore di un bravo militare. Un altro generale dell'esercito, il Capurro, nello stesso anno 1895 impedì sanguinosi conflitti ed impose lui il rispetto della legge ai funzionari di pubblica sicurezza.

[6] Ecco le sue testuali parole: «Accade questo fatto: che non appena si parla di elezioni, i candidati non si rivolgono agli elettori, ma si rivolgono ai prefetti e rivolgendosi ai prefetti, è chiaro che questi prefetti, per apparire, debbono giovarsi di tutti i mezzi... (Interruzioni-approvazioni) Mi diceva un prefetto, a proposito di

Tante ribalderie e tale sistema di prepotenze o d'impunità e di complicità, creano e mantengono l'ambiente della *Mafia* e della *Camorra*. Le gesta della polizia, dei reali carabinieri, della magistratura al di fuori del campo elettorale completano e aggravano l'opera nefasta di demolizione di ogni criterio morale.

I magistrati sono asserviti in modo degradante ai carabinieri ed alla polizia; la constatazione venne fatta più volte in Parlamento; l'asservimento venne denunziato da un magistrato in un articolo fierissimo pubblicato da una rivista giuridica (*La Cassazione Unica* N. del 26 Novembre 1897).

La magistratura è corrotta nei rapporti privati ed è servile sino all'abbiezione verso il governo e verso chi lo rappresenta – sia esso un Prefetto o un semplice birro. « Ora da che cosa dipende, si domandava Depretis l'11 Giugno 1875, in Inghilterra il rispetto alla legge ed alla libertà individuale? *Solo dalla magistratura!* »

I carabinieri prima erano circondati di rispetto e di stima; ma messisi al servizio della politica elettorale in modo sfacciato e violento hanno perduto la fiducia della popolazione, che li considera come temuti nemici. Essi della *Mafia* hanno adottato i metodi e per combattere gli effetti della *Mafia* bastonano a sangue e torturano con ordini del Santo Ufficio i detenuti che capitano nelle loro mani. Il Tribunale di Cassino ha condannato in Dicembre scorso un Maresciallo per aver cagionata la morte di un detenuto in seguito alla tortura inflittagli. I cittadini bastonati tacciono per timore di peggiori vendette, che compiono spesso con false denunzie di oltraggi alla forza pubblica.

Il processo Notarbartolo ha insegnato quali arnesi ci siano nella polizia ordinaria e dai discorsi dell'on. Tajani sappiamo quali sono le tradizioni della medesima. Non è migliorata affatto dai tempi della Prefettura del generale Medici. Essa è una vera cloaca. Ad essa nel continente sono imputabili l'assassinio Frezzi, l'assassinio Forno, la tortura crudele di Acciarito e cento altri nefandi reati. La violenza è stata la sua arma prediletta; ed a fine di bene, ma certamente con risultati disastrosi, l'adoperò il Ministro Nicotera che si vantò in Parlamento di essersi servito dei *poteri eccezionali* in Sicilia sorpassando sugli scrupoli della *Destra*, che li domandò per legge (Discorso nella Camera dei Deputati del 29 Novembre 1876). Il suo esempio venne continuato; e questa polizia, che in Palermo risultò complice del grande furto del Monte di Pietà e in altri scandalosi processi relativi alla vita dei lupanari,

una provincia, che in essa le elezioni si facevano come si voleva, perchè il prefetto poteva mandare tutti i sindaci innanzi al potere giudiziario (Si ride) » (Atti parlamentari. Sedute del 2 Dicembre 1899, p.389) non seppe trovare altro mezzo per combattere la *Mafia* se non quello di ricorrere ai mezzi *mafiosi*. Così anni or sono una pattuglia di carabinieri ordinata e comandata da un delegato di Pubblica sicurezza assassinò un cittadino in provincia di Girgenti credendo di sbarazzarsi del temuto brigante Varsalona. La magistratura compiacente non trovò alcun colpevole dell'assassinio con grave scandalo del Proc. Generale Comm. Cosenza. I fatti analoghi ed altrettanto gravi sono numerosissimi; ma chiuderò questa dolorosa storia con questo episodio. Nel circondario di Termini alcuni anni or sono c'era un brigante sul quale stava una taglia di alcune migliaia di lire.

Il brigante per ragioni private venne ucciso da un suo amico. Che pensa di fare un delegato pieno d'ingegno? All'uccisore procura il passaporto per l'estero ed egli va a riammazzare il brigante... morto da due giorni ed intasca le migliaia di lire della taglia. Ancora: Il giornale l'*Isola* di Palermo, da me diretto, avendo denunziato il fatto, venni sentito come testimone nel processo iniziatosi per querela imposta dal Ministro dell'Interno del tempo (Di Rudinì).

Il bravo giudice istruttore terminata la deposizione in tono di rimprovero amichevole mi disse: *Guardi onorevole, Ella ha torto di scaldarsi del fatto: ciò che importava alla società era l'uccisione del brigante. E la si ottenne. Che male c'è se l'ammontare della taglia se l'ha presa il delegato?* Già: dovevamo rallegrarci della scomparsa di un brigante che veniva sostituito, complice la polizia e la magistratura, da altri due: l'uccisore impunito e il delegato complice!

Ciò che contribuisce spaventevolmente a peggiorare il personale di pubblica sicurezza – e non soltanto in Sicilia – ed a falsarne il compito è l'applicazione di quel falso principio di autorità, che fa ricorrere a tutti i mezzi illeciti per assicurare l'impunità a coloro che hanno violato le leggi e che hanno commesso dei gravi reati.[7]

E qui pongo termine alla narrazione dei fatti; che sono accuse inesorabili contro il sistema di governo, che da quarant'anni, sotto i Sabaudi fa strazio

---

[7] Un Delegato di P.S. cui rimproverai le violenze e le illegalità commesse in una elezione a Riesi sogghignando mi rispose: *Onorevole, quando lei sarà ministro mi comanderà di fare lo stesso e mi premierà anzichè rimproverarmi!* Infatti egli fa carriera. Un altro delegato colto e attivo mi diceva: *Veda onorevole! le qualità che lei loda in me non mi giovano affatto e i miei cinque figli non ne risentono vantaggio perchè il governo non crede che siano titoli per l'avanzamento!* Ho saputo dopo che egli ha commesso qualche porcheriola e che è stato promosso ispettore e nominato cavaliere... E da recente sotto l'on. Pelloux venne fatto cavaliere un delegato di P.S. a compensario da un processo intentatogli — in seguito ad una inchiesta fatta dai suoi superiori! — e nel quale venne assolto per insufficienza di indizi. Mentre correggo le bozze di stampa si apprende che il colonnello dei carabinieri e gli ufficiali della legione di Palermo sono andati ad accompagnare a bordo il capitano Ortolani, traslocato in Sardegna in punizione della figura fatta nel processo di Milano e gli presentarono un'artistica coppa d'argento. Altro che impunità! In questo caso c'è il premio a chi vien meno ai propri doveri.

della Sicilia. Dal generale Govone al generale Medici; da questi a Nicotera; e da Nicotera al generale Morra di Lavriano, al generale Mirri, al questore Lucchesi, al senatore Codronchi – dal mancato processo per l'assassinio del generale Corrao al processo Notarbartolo – rimane dimostrato che nei momenti migliori – e raramente prevalsero al governo anche le *buone intenzioni!* – si cercò combattere la *mafia* nata dal bisogno di giustizia, coi metodi *mafiosi* e coll'iniquità.

Si può debellare la *Mafia* coi metodi *mafiosi*? Si può combatterla servendosi dei *mafiosi* nei momenti elettorali? Si può restituire nei cittadini colla iniquità sistematica, colla illegalità fatta regola, la fede nella giustizia e nella legge? No, mille volte no; perciò la *mafia* del governo ha rigenerato la *mafia* dei cittadini!

Sin dal 1875 Romualdo Bonfadini onestamente constatava – era un *moderato* che giudicava gli uomini del partito, cui egli stesso apparteneva – che il governo italiano *nulla* ha fatto per distruggere la mafia ufficiale, che esisteva sotto i Borboni. Se egli tornasse in vita e scrivesse oggi confesserebbe che il governo italiano *tutto* ha fatto per consolidarla e renderla onnipotente!

VIII

Ma non deve spuntare un raggio di luce, che ci faccia sperare, alla vigilia del secolo ventesimo, che sia vicino a cessare il *regno della mafia*, che costituisce un'onta pel governo e per la Sicilia?

Noi dobbiamo sperare e la speranza dobbiamo rendere attuosa con la profonda convinzione che i rimedi di sicura azione esistono e che la grave malattia di cui soffrono la Sicilia e il Mezzogiorno d'Italia non sono il prodotto fatale e ineliminabile del clima o della razza; invocare la *razza*, come fanno coloro che Achille Loria ha flagellato come poltroni intellettuali, quando la dimostrazione della origine sociale del fenomeno è luminosamente fatta, più che un errore è una colpa.

Ciò che avvenne a Messina è di una eloquenza grandissima e serve da un lato a condannare la cecità dei governanti e dall'altro a sperare, ad avere fiducia piena, nella guarigione di questa lebbra morale rappresentata dalla *mafia*.

Alcuni che non conoscono la storia recente – e pur troppo tra questi non mancano i rappresentanti della stessa Sicilia – vedendo che la *mafia* non spadroneggia nella provincia di Messina, quasi spiegano il fenomeno colle fantastiche differenze di razza tra la parte orientale e settentrionale e quella meridionale ed occidentale dell'isola. La verità è diversa. Nella provincia di Messina ci sono già condizioni economiche, demografiche e commerciali che potrebbero spiegare il fenomeno; ma c'è stato dell'altro.

Tra il 1860 e il 1870 la città e una parte della provincia di Messina erano perturbate dalle associazioni dei malfattori. In città l'associazione dei cosidetti *sparatori*; nei villaggi vicini la banda Cucinotta.[1] La *mafia* in città; il brigantaggio alle porte. Per alcuni anni le due associazioni vissero e prosperaro-

---

[1] Nel 1874 — credo negli ultimi di agosto — al ritorno dall'Argentina gli amici carissimi di Messina mi trattennero un giorno in città. In pieno meriggio mentre eravamo in piazza del Duomo si sentì un colpo di fucile e subito si apprese ch'era stato ucciso un tale. Nessuno dei miei amici se ne sorprese e qualcuno fece il nome del possibile mandante, che aveva aggiustato un vecchio conto. Nel 1874 c'erano ancora gli *sparatori* e sì era in piena *Mafia*!

no all'ombra della protezione di talune autorità. della negligenza di tutti i prefetti, questori, magistrati e ufficiali di polizia.

Un questore ebbe la geniale idea – che già sappiamo pullulata e fecondata nel cervello del Generale Medici e di altri suoi predecessori e successoti – di distruggere la mala vita aiutando taluni malfattori contro altri. Le conseguenze del sistema insipiente e immorale furono a Messina quale erano state a Palermo: la mafia protetta finì per spadroneggiare e furono inquinati gli uffici tutti – questura, corpo dei militi a cavallo (*ex compagni d'armi*), prefettura e magistratura.

Si uccideva nelle vie più frequentate della città – e la pubblica sicurezza nulla sapeva mai; non indagava; non arrestava. Una volta un assassino per non farsi riconoscere o per essere più svelto nel fuggire dopo aver commesso il delitto gettò un *paletot*, in cui c'era una lettera che dava alla giustizia il nome del colpevole. Il *paletot* fu repertato; ma durante l'istruzione scomparve. Quale meraviglia se ad Altavilla scomparvero le calze insanguinate repertate all'indomani dell'assassinio Notarbartolo?

Alla Corte di Assise in qualche causa grave il Procuratore generale ricusava i giurati più intelligenti, onesti, animosi e invece lasciava i giurati corrotti o affiliati alla mafia. Il brigantaggio fioriva nel villaggio Camaro, in Milli; i briganti trescavano colla forza pubblica e si narra di cene luculliane, nelle quali briganti ed agenti della forza banchettarono fraternamente. Così solo si può spiegare che una banda di briganti per più anni potè scorazzare in campagne a cultura intensiva, ricche di case e assai popolate e vicine ad una grande città; e si spiega del pari il caso del contadino narrato in una *nota* precedente. Ma questo stato patologico sparì quando il governo volle fare sul serio, quando mandò in Messina funzionari zelanti e capaci. Fra tutti si distinse il proc. gen. Carlo Morena, un magistrato piemontese, al quale Messina deve se la mala pianta della *mafia* fu svelta e distrutta.

Il Procuratore generale Morena fu un carattere energico, un funzionario che aveva la coscienza del proprio dovere. Egli si propose di distruggere le associazioni a delinquere; e vi riuscì. Ed il suo metodo fu semplicissimo; *colpì inesorabilmente tutti i funzionari, che non facevano il loro dovere!* Taluni vecchi ruderi della magistratura fece collocare a riposo, altri fece trasferire in altre regioni e qualcuno fu anche dispensato dall'ufficio. Lo stesso risanamento morale portò nelle cancellerie e seppe pure imporsi alla polizia. I processi furono fatti sul serio; nell'Aula della Corte di Assise, in cui la *Mafia* ora fischiava ora applaudiva, s'impose l'ordine; la giudicatura d'istruzione funzionò normalmente. I risultati furono splendidi: nelle campagna vicine di

Messina la banda Cucinotta fu accoppata; in città fu schiacciata la *mafia*. D'allora in poi in tutta la provincia la delinquenza diminuì sensibilmente.[2]

Non è evidente che se il governo centrale – ed allora vi era a capo l'onesto Lanza – avesse lasciato fare a Tajani nel distretto della Corte di Appello di Palermo ciò che fece Morena a Messina, la *mafia* in quelle regioni oramai non sarebbe più che un triste e doloroso ricordo?

È vano il volere negare la verità, che dovrebbe imporsi e ai meridionali e ai settentrionali; e la verità è questa:

I Settentrionali assai più progrediti economicamente, intellettualmente e moralmente molto avrebbero potuto fare per la rigenerazione della Sicilia e del Mezzogiorno. Dato il concetto unitario essi avrebbero avuto il dovere di farlo, se avessero voluto mostrarsi davvero fratelli superiori e se avessero avuto la chiara percezione delle conseguenze che si sarebbero svolte anche a loro danno – lasciando lungamente immutata in una grande regione dello stato, una condizione di cose profondamente morbosa. Ma son venuti meno a questo compito nobilissimo, come ho affermato già in altro scritto.[3] I privati del Settentrione in quelle regioni hanno trovato soltanto una terra coloniale da sfruttare economicamente e da importarvi funzionari. I governanti vi hanno visto elettori da corrompere e addomesticare, nè più nè meno come i vincitori del Nord guidarono dopo la *Guerra di Secessione* i Negri liberati dalla schiavitù nel Sud degli Stati Uniti! Ma Siciliani e Meridionali abbandonati a loro stessi avrebbero trovato i rimedi opportuni.

Che la Sicilia lasciata a sè stessa avrebbe saputo provvedere e bene ai casi propri lo scrisse in una forma scultoria nel 1875 un uomo d'ordine tra i più eminenti. « *La Sicilia lasciata a sè*, diceva Sidney Sonnino, *troverebbe il rimedio*.

Stanno a dimostrarlo molti fatti particolari e ce ne assicurano l'intelligenza e l'energia della sua popolazione, e l'immensa ricchezza delle sue risorse. Una trasformazione sociale accadrebbe necessariamente, sia col prudente

---

[2] La impunità accordata sinora agli autori delle malversazioni e degli altri reati denunziati con coraggio e insistenza da Noè e da Bonsaia ed una magistratura, che ha dato luogo ad inchiesta e sulla quale l'on. De Felice darà alla camera notizie stupefacenti, fanno temere che anche a Messina, se il governo non provvederà energicamente, lo spirito della *mafia* risorgerà tra breve.

[3] *Settentrionali e Meridionali*, Roma 1899. La rivista popolare L. 1. Dopo la pubblicazione di questo lavoro, di cui mi onoro come dell'atto più onesto della mia vita, è venuto a conferma il giudizio del Senatore Villari così formulato: « A che negarlo? Non vi ha dubbio alcuno: il mezzogiorno è moralmente e politicamente meno progredito del settentrione. Ma è *qui appunto dove il resto d'Italia ed il governo hanno fin dal principio commesso verso di esso una colpa che confina con un delitto.* »

concorso della classe agiata, sia per effetto di una violenta rivoluzione. MA NOI ITALIANI DELLE ALTRE PROVINCIE IMPEDIAMO CHE TUTTO CIÒ AVVENGA; ABBIAMO LEGALIZZATO L'OPPRESSIONE ESISTENTE; ED ASSICURIAMO L'IMPUNITÀ ALL'OPPRESSORE.

Nelle società moderne ogni tirannia della legalità è contenuta dal timore di una reazione all'infuori delle vie legali. Or bene, in Sicilia, colle nostre istituzioni modellate spesso sopra un formalismo liberale anzichè informate ad un vero spirito di libertà, *noi abbiamo fornito un mezzo alla classe opprimente per meglio rivestire di forme legali l'oppressione di fatti che già prima esisteva, coll'accaparrarsi tutti i poteri mediante l'uso e l'abuso della forza che tutta era ed è in mano sua; ed ora le prestiamo mano forte per assicurarla; chè* A QUALUNQUE ECCESSO SPINGA LA SUA OPPRESSIONE, *noi non permetteremo alcuna specie di reazione illegale, mentre di reazione legale non ve ne può essere poichè la legalità l'ha in mano la classe che domina* ».

Qui il problema è posto in termini talmente precisi, taglienti, che sbalordisce e addolora il pensare che lo scrittore divenuto ministro nel 1894 non si sia per un solo istante ricordato delle proprie parole. Venti anni di vita parlamentare furono per lui, più efficaci dell'azione dell'acqua del fiume Lete!

I Siciliani, infatti, dell'unità d'Italia sperimentarono questo *benefizio* incontrastabile: ogni volta che tentarono scuotere l'oppressione legale denunziata dall'on. Sonnino sentirono che contro di loro e sopra di loro pesava tutta la forza di un grande stato, che poteva schiacciarli sempre e mantenerli sotto qualunque giogo *legale e illegale!*

L'on. Sonnino ci ha detto che là una *opposizione legale* non era possibile perchè la *legalità* l'ha in mano la classe, che domina; ha soggiunto che l'*oppressione* poteva e doveva spingersi ad *eccessi*. Gli *eccessi illegali* si ebbero a Bronte ed a Nissoria nel 1860 col massacro dei cosidetti *galantuomini*; ma il garibaldino generale Bixio fece apprendere colla ferocissima repressione, che uno stato potente poteva e sapeva mantenerli sotto il giogo. I Siciliani protestarono contro le cattive amministrazioni comunali; e Depretis col massacro di Calatabiano fece intendere loro, che il regno d'Italia non voleva disturbati i delapidatori e i ladri del denaro spillato ai poveri. I siciliani mostrarono di nuovo e più energicamente ch'era divenuta intollerabile la loro condizione e i massacri continuati del 1893 e 1894, colla loro sanguinosa appendice di Siculiana, Modica e Troina insegnarono, che ogni speranza in loro doveva essere spenta di una risurrezione propugnata con mezzi legali o illegali. È caratteristico, ad illustrazione dei benefici politici, economici e morali dell'*unità* per le classi derelitte questo tratto: sappiamo dal

Sighele procuratore generale presso la corte di appello di Palermo *che era opera altamente meritoria cercare in tutti i modi di mettere le classi agricole in condizione di resistere alle prepotenze dei padroni.* Il voto dell'alto magistrato era conforme a quello dell'on. Sonnino. Ebbene: precisamente mentre era ministro del Tesoro lo stesso on. Sonnino si vuol sapere come si provvide a *mettere gli oppressi in condizione di resistere alle prepotenze dei padroni?* Sciogliendo i *Fasci*, sciogliendo tutte le società cooperative, massacrando i lavoratori, mandandoli a migliaia nelle patrie galere, arrestando quel movimento, che in mezzo a non pochi e spiegabilissimi errori, era riuscito ad organizzare una specie di *società di resistenza*, che aveva già ottenuto coi *mezzi legali*, la riforma dei contratti agrari coi cosidetti *patti di Corleone*, l'abolizione delle più odiose angherie, il rialzo dei salari, un trattamento umano!

Quale altra speranza rimaneva ai lavoratori, a coloro sui quali pesava l'oppressione *legale ed illegale*, una volta sperimentata sanguinosamente l'onnipotenza dell'Italia unita? Una sola: la *Mafia!*

Il governo sotto il dominio dei Sabaudi con tutti i suoi atti ha voluto provare ad esuberanza ch'esso voleva mantenere lo spirito che crea la *Mafia*. La quale, a parte la opportunità della riforma agraria che in Sicilia e nel Mezzogiorno s'impone più che altrove, a parte tutta la serie delle riforme economiche – raccomandate invano ai Borboni da Filangieri colle costruzioni delle strade – della diffusione della istruzione ec. che sono bisogni avvertiti da tempo e che dovranno agire lentamente, ma sicuramente, può essere facilmente annientata nelle sue cause dirette ed immediate. In Sicilia non occorrono affatto provvedimenti eccezionali: molto tempo fa il senatore Peranni riconosceva che le sue condizioni anormali erano il prodotto di 50 anni di misure eccezionali. E si sa che per ottantanni le leggi eccezionali non valsero a pacificare l'Irlanda![4] I mezzi per raggiungere questi intenti sono di una semplicità meravigliosa, sono notissimi e sono stati formulati non dai repubblicani, non dai socialisti, non dai nemici dell'unità d'Italia; ma da un funzionario di pubblica sicurezza, che ho più volte citato, devotissimo alle istituzioni, dell'Alongi. Eccoli:

---

[4] L'on. Depretis, che al governo doveva riuscire dal punto di vista morale nel 1875 combatté vigorosamente i provvedimenti eccezionali per la Sicilia e dopo ave insistito sulla necessità ed urgenza dei provvedimenti economici soggiunse: «poi c'è un altro rimedio che bisogna che sia usato... è la legalità. *Ci vuole proprio la legalità, sempre la legalità*». (Atti parl. tornata dell'11 Giugno 1875). Si capisce che questa non può esser la *legalità* farisaica stigmatizzata da Sonnino.

1.° Amministrazione equa, pratica, morale e severamente controllata dal governo centrale;
2.° Polizia e giustizia forti, pronte accessibili a tutti, autonome e responsabili; tali da imporre il convincimento che al disopra di tutto e di tutti, unica forte, unica arbitra è la legge.[5]

Questa cura, lo ripeto, è di una semplicità meravigliosa; non propone amputazioni o iniezioni *endo-venose*; non provvedimenti eccezionali; propone ciò che non dovrebbe mancare in uno stato moderno; consiglia ciò che posseggono gli Stati civili contemporanei: una polizia composta di persone oneste e che sia rispettata, perchè rispettabile e che dia la caccia ai delinquenti e non serva ai laidi interessi elettorali del governo; e la giustizia severa, forte, imparziale; l'impero della legge!

È la giustizia, che soprattutto occorre. Più di trenta anni fa Enciro Amori, il sommo giurista, il grande patriota – esortava: *la giustizia si amministri e faccia davvero. Il popolo ha veramente sete di giustizia...*

E il popolo la chiede ancora invano; e il governo permette che la si metta all'asta o che venga somministrata non da giudici ma da staffieri, agli ordini, talora, di qualche azzeccagarbugli riuscito ad afferrare, comunque, la medaglia di deputato!

Contro questa cura disgraziatamente esiste un ostacolo, che a molti sembra insormontabile. Per combattere e distrurre il regno della *Mafia* è necessario, è indispensabile che il governo italiano cessi di essere *il Re della Mafia*! Ma esso ha preso troppo gusto ad esercitare quella sua disonesta e illecita potestà; è troppo esercitato ed indurito nel male. Siamo pervenuti al punto in cui non si può sperare nella cessazione della funzione, che colla distruzione dell'organo...?

Il *Regno della Mafia* in Sicilia non cesserà se non il giorno in cui con una vera *instauratio ab imis* i Siciliani acquisteranno la libertà vera, il diritto e i mezzi di punire i prepotenti, di mettere alla gogna i ladri e di assicurare a tutti la giustizia *giusta!*

FINE

---

[5] *La Mafia*, pag. 68.

INDICE

7   Il Re della Mafia – di Marcello Donativi

NEL REGNO DELLA MAFIA

17   I
       Il processo Notarbartolo. Si trasforma in processo contro i funzionari dello Stato.

23   II
       Che cosa è la *Mafia*. Origine della parola. Definizione di Bonfadini e di Franchetti. Non è una associazione di malfattori.

29   III
       Cause che hanno generato lo spirito della *Mafia*. Il malgoverno degli stranieri in Sicilia scavò un abisso tra popolo e governo. La magistratura sotto i Borboni. Giudizi di Ulloa e Maniscalco.

33   IV
       Organizzazione sociale a base di feudalismo. Usurpazione delle terre pubbliche. Sistema di difesa pubblica e privata: *Compagni d'armi, campieri e mafiosi*. La *mafia* e le cospirazioni patriottiche. Aumento della delinquenza dopo il 1860.

43   V
       Il regime Sabaudo fallisce al suo compito. Rimangono le cause, che generarono la *mafia*. Il malcontento. Le classi dirigenti giudicate da Zini e Di San Giuliano. La borghesia giudicata da Sonnino.

49   VI
       L'azione del governo. Come cominciò l'*incivilimento* della Sicilia. Il compito di un governo sorto dalla rivoluzione secondo F.Cordova. I siciliani trattati da *razza inferiore e conquistata*. Caccia selvaggia ai renitenti. Il sordomuto Cappello. Il generale Serpi. Il *sistema*, che genera la *mafia* denunziato da Depretis. L'opera del governo italiano sino al 1866 giudicata da Tajani. Il governo del generale Medici e la requisitoria Tajani. Il governo del generale Medici e la requisitoria Tajani. La *mafia* è invincibile perchè serve al governo locale; l'*anarchia di governo* secondo Tajani. I proprietari e la pubblica sicurezza.

69 VII
La *sinistra*. La degenerazione parlamentare. L'asservimento del mezzogiorno e della Sicilia. Le elezioni di Nicotera e di Depretis. Il giudizio di Villari sul fallimento dell'azione del governo italiano. I sistemi elettorali a base di *mafia*. Magistrati e polizia.

81 VIII
Quid agendum? Azione indiretta dei provvedimenti economico-sociali. Sonnino giudica che la Sicilia abbandonata a se stessa avrebbe provveduto ai mali propri. Azione diretta e immediata: riforma urgente della magistratura e della polizia. Secondo Depretis occorre: legalità, legalità sempre legalità! Sete di giustizia.

SCARICA GRATIS L'EBOOK
DI QUESTA OPERA
IN FORMATO EPUB

www.edizionitrabant.it/naja1
PASSWORD: **75tef9hg**

www.ingramcontent.com/pod-product-compliance
Lightning Source LLC
Chambersburg PA
CBHW032024040426
42448CB00006B/716